유혹의 재발견
벗겨봐

김진기 지음

모아북스
MOABOOKS

쿨~~~하지 못하게 왜 그래…?

유혹의 재발견

벗겨봐

김진기 지음

모아북스
MOABOOKS

| 이 책을 펼치기 전에 |

꼬리에 꼬리를 물며 펼쳐지는
유쾌한 지식 반전, 벗겨봐 시리즈!

상식의 고수도 말해 주지 않는 개념의 의미를 읽는다

  2000년대를 살아가는 현대인은 인류 역사를 통틀어 가장 똑똑한 사람들이다. 과학기술과 의학의 발전으로 지난 시대에 비해 윤택한 삶을 살고 있고, 고등교육이 일반화된 덕에 아는 것도 많아졌다. 우리는 초등학교부터 고등학교 때까지 삶에서 필요한 경제, 문화, 건강과 관련한 거의 모든 지식을 배운다. 하지만 그 지식을 얼마나 잘 써먹는가는 별개의 문제다. 우리는 어떤가? 학교에서 배운 지식들을 실생활에서 제대로 응용하고 있는가? 무슨 일이 닥쳐도 지금껏 배워온 지식으로 어려움을 이겨낼 자신이 있는가?

  이 대답에 '그렇다'고 대답한다면 당신은 대단하다. 대부분은 사회에 나가 실생활에 부닥치면서 지금껏 알고 있던 지식이 '교과서에서 배운 것'에 불과했음을 깨닫게 되기 때문이다.

상식의 껍질을 벗기는 지식의 라이브러리

  인간은 무한대로 발전하는 존재다. 지식 면에서도 그렇다. 우리는 얼마든지 박학다식해질 수 있다. 평생교육과 평생지식의 시대, 이제 지식의 업데이트는 삶의 질을 높이는 데 필수불가결한 요소가 되었다.

10년 전에 통했던 대부분의 지식은 오늘날에는 그대로 적용되지 않는다. 주변을 둘러보라. 세상은 끊임없이 변하고, 수많은 가치관과 통념이 무너지고 있다. 과학자들이 실험을 통해 오류를 고쳐나가고 새로운 발견을 해내듯, 이제 우리도 지식 4.0 시대를 대비해 지식 업데이트를 해야 한다.

재미있고 활용도 높은 벗겨봐 시리즈, 과연 옳은가!

그럼에도 이 시대에도 유효한 진리가 하나 있다면 어떻겠는가? 바로 '아는 것이 힘'이라는 진리다. 삶이 빡빡하다고 생각하는 당신에게 즐거운 '지식 반전'을 선사하는 벗겨봐 시리즈는 우리 삶에 가장 가까운 편견 없는 주제들을 통해 새로운 지식의 문을 열어준다. 지금까지 틀에 박힌 상식으로 세상을 대했다면, 벗겨봐 시리즈는 편견을 벗어나 삶과 밀접한 지식을 얻을 수 있는 새로운 기회가 될 것이다.

풍부하고 편견 없는 지식을 가진 사람은 직장생활과 가정생활, 그 외의 수많은 인간관계 속에서 훌륭하게 어려움을 헤쳐 나간다. 어딜 가도 고리타분한 사람이라는 말을 듣지 않는 사람, 주변 사람에게 즐거움과 지식을 나눠주는 사람을 꿈꾸는가? 그렇다면 벗겨봐 시리즈가 우리의 곁에서 훌륭한 조언자가 될 것이다.

| 머리말 |

유혹! 튕겨야 매력일까?

   남자가 여자를 바라볼 때 가장 먼저 시선이 머무르는 곳은 어디일까? 아마도 얼굴, 가슴, 허벅지, 엉덩이 순으로 탐욕스러운 시선을 꽂아 놓으며, 자신만의 쾌락과 흥분을 가득 담아 내리라. 남자의 시선이 여자의 몸 구석구석 훑어 내려가는 것은 자신만의 상상력을 작동시켜 성적인 흥분을 오래도록 지속하기 위함일 것이다.
   특히 대부분의 남자가 여자의 가슴에 관심을 갖는 것은 손끝과 혀끝에 머무르는 부드러운 감촉에 흠뻑 취하기 위해서이며, 여자도 남자의 행위에 따라 기분이 최고조에 이를 것이라는 이기적인 상상력 때문이기도 하다. 그렇지 않다면 남자들이 여자의 가슴에 집착할 이유가 없지 않은가! 마찬가지로 입술, 목덜미, 가슴, 음부에 이르기까지 온갖 기교를 부리며 애무를 해도 여자가 아무런 감흥을 느끼지 못한다면, 남자는 허무한 마음을 달랠 수 없을 것이다. 경우에 따라 배신감과 사랑에 대한 허탈함마저 들어 영원히 씻을 수 없는 상처를 받게 될 수도 있다. 이처럼 남자는 자기중심적 사고의 결정체이며, 성격도 고집스럽고 행위마저 제멋대로인 경우가 허다하다. 그렇기 때문에 마음에 드는 여자를 유혹하기 위해 온갖 방법을 강구하려 한다. 이처럼 남자와 여자는 서로 관심사가 다르다. 그래서 상대방의 마음을 제대로 이해하려는 노력이 필요한 것이다. 여자는 달콤한 로맨스를 꿈꾸지만, 남자는 뜨거운 섹스를 간절히 원한다.

남녀 모두에게 육체적인 쾌락은 아주 강력한 유혹의 언어가 된다. 쾌락처럼 매혹적인 게 또 있을까. 이 책은 우리가 흔히 알고 있는 일반적인 유혹의 테크닉을 알려주지 않는다. 남녀 간의 유혹에 대해 더욱 깊이 파고 들어가 지금까지의 유혹이 성공하지 못한 원인을 짚어 보고, 성공적인 유혹을 할 수 있는 자질을 갖출 수 있도록 도와준다.

독자들은 이 책을 통해 심리적인 접근법에 의한 유혹의 재발견을 하는 계기를 마련할 것이다. 진정으로 상대방의 마음을 움직이는 법을 배우면서 자신이 서서히 유혹자로 변하고 있음을 발견하게 된다.

여기서 주의해야 할 것은 유혹의 목적이 육체적인 쾌락을 추구하는 섹스가 되어서는 안 된다는 것이다. 섹스는 유혹의 결과일 뿐이지, 유혹의 목적이 되어서는 안 된다. 자칫하면 부정적인 행동으로 인한 허탈함과 양심의 가책을 느끼는 것은 물론 상대방의 비난을 받아 철저히 외면당하고 만다.

진정한 유혹자는 섹스만을 추구하며 본능적으로 달려들지 않는다. 그에 맞는 자질을 갖춰 상대방의 마음을 움직여야 한다. 그러기 위해서는 상대방의 언어, 몸짓, 표정 등에 세밀한 관심을 기울여 상대방의 내면을 파악할 수 있는 능력을 길러야 한다. 상대방의 마음을 알아야, 접근 방식을 달리 할 수 있는 것이다. 또 상대에게 제대로 접근했을 때 비로소 상대방의 마음을 강하게 끌어당길 수 있다.

이 책에서는 독자들을 위한 유혹에 관한 자질 연마는 물론 유혹자가 갖추어야 할 매력 포인트에 대해서도 심도 있게 소개한다. 1장부터 9장까지 소개하는 유혹법에 대해 꾸준히 연습하고 따라한다면 누구나 훌륭한 유혹의 달인이 될 수 있다. 아울러 각 장의 목록 아래에 있는 팁(1초의 유혹 노하우/ 화끈하게 물어봐)을 통해 남녀 사이의 은밀한 속마음을 엿볼 수 있다.

화려하고 당당한 싱글은 이 세상 어디에도 없다. 유혹의 테크닉을 갖춰 화려하고 당당하게 상대방의 마음을 움직이는 유혹자만 존재할 뿐이다.

이 책을 모든 싱글에게 바친다. 화려하고 당당함 속에 자신의 부족한 매력을 숨기지 말고, 이제 당당하게 세상으로 나와야 한다. 그리고 사랑하는 사람을 유혹해 행복하게 살아가길 바란다.

김진기

| 차례 |

머리말 ─ 유혹! 튕겨야 매력일까? …10

**1장 연애가 술술!
벌거벗고 산뜻하게 유혹해 보기**

- 세상의 모든 것은 유혹으로 통한다 …20
- 당신은 들이대는 남친과 여친의 속마음 알고 있는가? …23
- 남녀가 필요로 하는 것은 무엇인가 …28
- 여자는 왜 남자를 까다롭게 고를까? …31
- 그 남자 그 여자의 매력 포인트 알 수 없을까 …33
- 성적 매력이 가장 가치 있는 유혹의 수단일까 …36
- 유혹에 이끌리기보다 과감하게 나서서 유혹하라 …41

**2장 유혹할래, 유혹당할래,
화끈하게 당할래?**

- 남녀는 서로 다른 공간 속에서 살고 있다 …46
- 여성이 모르는 남성 심리 엿보기 …51

- 남성이 모르는 여성 심리 엿보기 ··· 54
- 남자의 성 테크닉 VS 여자의 로맨스는 무엇일까 ··· 57
- 프로포즈와 유혹은 멋지게 해야 한다 ··· 62
- 당신의 유혹 전략, 이 점이 잘못되었다 ··· 66

3장 밝히는 남자 아니면 바라는 여자로 살래?

- '단 한 사람'을 찾아서 ··· 76
- 두뇌 속 서로 다른 뇌 구조 들여다보기 ··· 79
- 남자의 뇌에는 여자의 매력을 평가하는 기준이 있다 ··· 87
- 여자의 뇌에도 남자의 매력을 평가하는 기준이 있다 ··· 90
- 두뇌 속의 섹스 어필과 표현은 다르다 ··· 93
- 미디어에서 말하는 유혹은 허구다 ··· 96

4장 절정에 이르게 하는 유혹법이 있다고?

- 머리가 좋다고 유혹을 잘할까 ··· 110
- 여자를 알아야 여자를 유혹한다 ··· 116
- 여자를 흥분시키는 로맨스 - 유형별로 배워보기 ··· 120
- 색다른 유혹이 상대를 절정에 이르게 한다 ··· 124
- 유혹하는 데 5초면 충분해! ··· 128

- 실전에 돌입하여 그 여자의 경계심 벗겨 보기 ···133
- 이것이 진정한 유혹의 테크닉이다 ···138

5장 남자를 내 맘대로, 여자를 내 맘대로 끌어내는 유혹 비법

- 여자를 무릎 꿇게 하는 남자의 테크닉 설명서 ···148
- 이런 남자, 정말 싫다 - 여자가 싫어하는 5가지 유형의 남자 ···151
- 이런 여자, 정말 싫다 - 남자가 싫어하는 5가지 유형의 여자 ···155
- 대화 속에 숨겨진 섹스의 진실 ···158
- 기다리는 자, 복이 있나니… - 여자 스스로 'YES'라고 말하게 하라 ···161

6장 준비된 자만이 쟁취할 수 있다

- 유혹하는 자 VS 유혹받는 자의 속마음 들여다보기 ···166
- 카리스마에 중독되는 순간 더 이상의 유혹은 없다 ···181
- 뜨거웠다가 차가워지는 도발적인 유혹 ···185
- 환상과 현실을 넘나드는 스타 이미지 구축 ···188
- 매력적인 당신을 유혹하려면 비법은 하나? ···191

7장 모텔비가 아까운 남자 호텔비가 아까운 여자를 애인으로 만드는 비법은?

- 상대방의 욕망을 자극할 수만 있다면 게임 끝! ··· 196
- 나쁜 남자에 열광하는 여자의 속마음 파악하기 ··· 201
- 헌신적인 사랑만이 상대를 자극할 수 있다 ··· 204
- 유혹은 더 이상 금지된 욕망이 아니다 ··· 207
- 호감을 확실하게 이끌어내는 비결은 따로 있다 ··· 220
- 아무도 알려주지 않았던 유혹의 비법, 여기에 있다 ··· 231

8장 헤어진 연인을 돌아오게 하는 유혹의 비결 따로 있다

- 다시 만나면 당신은 프로 ··· 242
- 9단계 유혹법 배워보기 ··· 248
- 유혹법 1단계 - 관찰하기 ··· 249
- 유혹법 2단계 - 계기 확인 ··· 253
- 유혹법 3단계 - 자기중심적 태도 반성 ··· 257
- 유혹법 4단계 - 상처 안아 주기 ··· 266
- 유혹법 5단계 - 동요하는지 살펴보기 ··· 270
- 유혹법 6단계 - 또 다른 행동 체크 ··· 273
- 유혹법 7단계 - 격려하기 ··· 276
- 유혹법 8단계 - 집중하기 ··· 279
- 유혹법 9단계 - 관계 회복을 위한 연습 ··· 282
- 저항하는 여자가 더 달콤하다 ··· 288

9장 | 그 밖에 궁금한 질문들 있어요?

- 왜 유혹법을 배워야 하나요 …292
- 화려하고 당당한 싱글은 없어요 …296

머리말 — 303
"사랑에 빠지기 전에 알았더라면 좋았을 걸…"이라는
후회가 없길 바라며

1장

연애가 술술! 벌거벗고 산뜻하게 유혹해 보기

세상의 모든 것은 유혹으로 통한다

어느 날 갑자기 매력적인 이성이 나타나 자신을 유혹한다면 어떻게 해야 할까? 사랑하는 연인이 없는 사람이라면 문제는 쉽게 해결된다. 무조건 유혹을 해서 내 사람으로 만들면 되는 것이다. 그러나 사랑하는 사람이 곁에 있는데도 유혹의 손길을 뻗쳐 온다면 대다수의 남녀가 흔들리지 않을 수 없다. 상대는 이미 이성을 유혹하는 최고의 테크닉으로 웃음과 호감을 이용해 자신의 매력을 마음껏 발산하기 때문이다.

얼마 전 국내 최대의 결혼정보회사인 D사에서 아주 흥미로운 설문조사 결과를 발표해 화제를 모은 바 있다. 자사의 남녀 회원 1,000명을 대상으로 '이성과 유혹의 진실&기술'에 대한 설문조사를 한 것이다.

어느 날 미치도록 소유하고 싶은 이성이 자신을 유혹한다면 어떻게 받아들일 것인가? 이에 대해 남자 회원 48%와 여자 회원 45%가 애인보다 훨씬 매력적인 품격의 소유자라면 마음이 흔들리는 것은 지극히 당연한 일이라고 밝혔다. 응답자 중 35%는 은밀하고 짜릿한 밤도 함께 보낼 수 있다고 응답했다.

이외에 사랑하는 사람을 배신하는 일은 절대 없을 것이다(남자 34%, 여자 43%), 썩 끌리는 상대는 아니어도 굳이 연락을 취해온다면 싫지는 않을 것이다(남자 18%, 여자 12%) 등의 답변이 나와 이성이 적극적으로 유혹을 해온다면 사랑하는 사람이 있는 상황에서도 새로운 이성의 유혹에 빠질 가능성이 매우 큰 것으로 나타났다.

"내 몸의 어디가 그렇게 좋아? 얼굴, 가슴, 엉덩이?"

남녀간의 애정을 그린 영화나 드라마에서 보면 쉽게 접할 수 있는 대화 내용이다. 이처럼 우리는 이성의 어디를 보고 쉽게 빠져드는 것일까. 이에 대해 남성 응답자의 67%가 '여성의 아름다운 몸매'를, 여성 응답자의 58%가 '남자의 감각적인 스타일'을 1위로 꼽았다.

이러한 조사 결과만으로 남녀의 이성에 대한 심리를 비교하면, 남자는 바라보고 느낄 수 있는 직접적인 자극에 치중하고, 여자는 대화와 느낌을 통해 감각적인 면에 더 민감하다는 것을 알 수 있다.

그러나 남녀 모두 매력적인 이성에게 호감을 느끼기 위해서는 자신만의 특별한 매력을 어필할 수 있는 유혹의 순간이 꼭 필요하다는 것을 잊어서는 안 된다.

사랑의 힘을 발휘하는 무기, 유혹의 키스법은?

손 : 애정과 존경을 나타내며 궁중 관례에서 유래했다. 보통 손등에 하는 키스는 헤어짐을 아쉬워하는 표현인 데 반해 손바닥에 하는 키스는 상대방에게 질투와 원망을 의미한다.

이마 : 변치 않는 사랑, 사랑에 대한 확신을 약속하는 의미를 지니며 종교적으로는 신성한 의미를 갖는다.

볼 : 호의와 친절, 믿음, 연대감 등의 의미를 담고 있다.

콧등 : 가볍게 콧등에 입술을 갖다 대는 것은 상대의 매력에 반했다는 뜻을 의미한다.

귓불 : 귓불은 성감대의 한 부분으로 살짝 귓불을 깨물어 상대를 자극함으로써 뜨거운 사랑을 나누기 위한 전희라고 할 수 있다.

목 : 영화를 보면 에로틱한 장면에 많이 등장하는데 상대를 만지고 싶을 때 목에 키스를 한다.

눈 또는 머리카락 : 상대에게 구애할 때 눈 또는 머리카락에 키스를 한다.

당신은 들이대는 남친과 여친의 속마음 알고 있는가?

● 오로지 섹스가 전부일까? - 남자의 속마음

남자에게 여자란 어떤 의미일까? 남자들이 말하는 여자에 대한 의미를 살펴보면, 맛있는 요리를 잘해 주는 여자, 내 아이를 낳아 잘 키워 주는 여자, 집안일을 하며 남편의 뒷바라지를 잘해 주는 여자, 섹스로 나를 즐겁게 해 주는 여자 등의 다양한 답변이 나온다. 이러한 답변들 중에서 남자들이 가장 중요하게 여기는 것은 맛있는 음식과 쾌락을 추구할 수 있는 섹스일 것이다. 우리 사회가 옛날과는 많이 달라졌다고는 하나 여자를 바라보는 남자의 시선은 변함이 없다. 또 외모로 여자를 선택하는 기준도 바뀌지 않는다.

남자의 욕구는 지극히 단순하며 여자에게 원하는 것 또한 정해져 있다. 이것만 알면 여자도 남자를 아주 쉽게 다룰 수 있다.

첫째, 섹스다. 남자는 자신이 원할 때 섹스를 통해 쾌락을 추구해야 한다. 이것이 사랑이라 믿는다.

둘째, 알뜰한 집안 살림과 자녀 양육이다. 남자는 여자가 해 주는 맛있는 요리와 깔끔하게 정돈된 집안 분위기, 그리고 자신의 아이에 대한 올바른 양육을 중요시 여긴다.

이것이 남자로서 최고로 대접받고 있다고 여기는 요소 중 하나다. 이 두 가지 사항 중 남자가 가장 중점적으로 생각하는 것은 섹스다. 남자의 모든 신경은 오로지 여자와의 섹스를 향해 열려 있다고 해도 과언이 아니다. 여자도 이 사실을 잘 안다. 남자는 섹스를 통해 보상받기를 원한다. 그렇기 때문에 여자가 원하는 바를 모두 들어주려고 노력한다. "나 저 옷 사고 싶어. 오늘은 특별한 음식을 먹고 싶다. 멋진 커피숍에 앉아 바다를 보고 싶다. 쇼핑한 물건 좀 집까지 옮겨 줘." 남자가 이러한 일들을 해결해 주며 그 보상으로 섹스를 바란다는 것은 여자들도 다 아는 사실이다.

이처럼 남녀 사이에는 뭔가를 주고받아야 하는 계약조건으로 섹스가 필수적 요소로 작용하는 것이다. 섹스는 자신의 노력에 대한 보답이라고 생각하기 때문이다.

그런데 여자가 이러한 계약조건을 유지하지 않는다면 남자의 마음은 조급해질 수밖에 없다. 너만을 영원히 사랑한다, 빨리 결혼하자, 당신을 닮은 예쁜 딸을 낳고 싶다는 등 온갖 방법을 통해 여자의 마음을 다시 돌리려 한다. 이 흥미로운 놀이를 여자는 그저 즐기기만 하면 되는 것이다. 항상 뜨거운 것만을 좋아하는 남자의 속마음을 잘 파악하고 있는 여자라면 남자의 이러한 욕구를 적절하게 충족시켜 준다면 행복하고 멋진 삶을 유지할 수 있을 것이다.

내 남자의
속마음 알아보기

남자들이 사용하는 대사에는 항상 성적 욕구를 자극하는 언어들로 가득하다.
"당신 오늘 유난히 더 예뻐 보여"는 '지금 바로 당신과 섹스하고 싶어' 라는 의미가, "끝나는 대로 전화할게"는 ' 다른 여자와의 약속이 취소되면 대신 당신에게 갈게' 라는 의미가 된다. 조금은 과장되고 터무니없는 말일 수 있겠으나, 대다수 여자들이 이 말을 진실이라 믿고 착각 속에 빠지기 때문에 남자들이 습관처럼 이용한다는 것이다. 이러한 남자의 속내를 잘 파악할 수 있어야 한다.

● **단지 사랑 때문에…… - 여자의 속마음**

많은 여자들이 로맨스의 지속에 대해서는 동의를 하지만 결혼생활이 일생 동안 지속된다고 생각하지는 않는다. 여자는 사랑을 위해 결혼할 뿐 결혼을 유지하기 위해 사랑을 갈구하지 않는다.

전통사회에서는 결혼을 통해 여자들에게 사회적 지위와 생활의 안정을 보장했다. 남자의 지위와 경제 상황에 따라 여자는 신분 상승과 함께 재정적 혜택을 그대로 누렸던 것이다. 하지만, 현대사회에서는 여자들 스스로 자신의 신분과 경제적 안정을 찾고 있다. 개인의 능력에 따라 돈을 벌고 자신의 지위를 보장받을 수 있기 때문이다. 따라서 여자에게 있어 결혼생활은 더 이상의 혜택이라 볼 수 없다.

그렇다면 현대 여성들이 남성들에게 바라는 것은 과연 무엇일까. 현대 여성은 돈과 교양을 보유하고, 유머감각이 뛰어나며, 세상 사람들로부터 존경받는 지위와 권위를 두루 갖춘 남성에게 강한 호감을 보인다. 이것은 전통사회에서 보였던 여성의 갈망과 크게 다르지 않다. 특히 안정적인 경제적 기반은 전 세계를 막론하고 대다수 여성들이 원하는 조건이다. 많은 돈을 처자식을 위해 여유롭게 쓸 수 있는 남자가 이 시대의 성공한 남성상이라면, 이러한 남성을 소유한 여성이야말로 진정으로 성공한 여성상이 아닐까.

여자는 경제적인 만족감이 클수록 섹스에 대한 쾌락도 높아진다는 연구결과도 있다. 배우자의 재산이 많을수록 삶의 질이 높아질 뿐만 아니라, 오르가즘을 체험하는 빈도가 잦다는 것이다. 여자들의 오르가즘에 영향을 주는 요소는 여러 가지가 있지만, 그 중에서도 경제적 만족도는 성생활에 있어 강력한 요인으로 작용한다.

연구가들은 여성은 부와 명예를 고루 갖춘 남성에서 정서적 안정감을 찾는다고 한다. 이때 오르가즘은 여자가 남자에게 보내는 정서적 만족감과 쾌락의 극치를 신호로 보내는 작용을 담당한다. 결국 여자는 부유한 남자를 자신의 동반자라 생각하고, 그 안에서 오르가즘의 진정한 가치를 찾는다는 것이다.

물론 모든 여자가 그렇다는 얘기는 아니다. 경우에 따라서 사랑, 신의, 친절, 교양과 지성 등을 갖춘 남자에 대한 열망도 많은 부분을 차지한다.

내 여자의 속마음 알아보기

여자를 매혹시키는 남자는 따로 있다. 그 유형을 살펴보면,
첫째, 여자는 재미있는 남자에게 더 끌린다.
둘째, 여자는 자신의 이야기를 잘 들어주는 남자에게 호감을 느낀다.
셋째, 여자는 자신을 위해 요리를 해 주는 남자에게 현혹된다.
넷째, 여자는 리듬감이 뛰어나 춤을 잘 추는 남자를 좋아한다.
다섯째, 여자는 신체적으로 건강한 남자를 선호한다.
이외에도 아이를 좋아하는 남자, 칭찬을 아끼지 않는 자상한 남자 등에게 매력을 느낀다.

남녀가 필요로 하는 것은 무엇인가

남자와 여자는 근본적으로 신체구조부터 다르다. 그렇다면 남자와 여자가 살아가는 목적은 어떠한 차이가 있을까.

이 세상의 모든 남자는 전쟁터를 방불케 하는 사회 속에서 치열한 경쟁과 함께 하루를 시작하고 또 마감한다. 주어진 업무의 완성도를 높이기 위해 노력하고 그에 대한 스트레스에 시달리는 것은 결국 부와 명예를 축적하기 위함이다. 이처럼 남자는 생활의 안정을 위해 힘들게 돈을 벌고 있다.

왜 남자들은 더 많은 돈을 벌기 위해 하루하루 고단한 삶을 살고 있는 것일까. 좋은 차를 사기 위해? 멋진 내 집을 갖기 위해? 물론 모두 맞는 말이다. 그러나 근본적인 해답은 무엇인지 살펴봐야 한다. 단도직입적으로 말하면 그것은 '여자'라는 것을 부인할 수 없다. 더 구체적으로 말하면 '자신의 욕구를 충족시켜 줄 수 있는 좋은 여자'를 만나기 위한 것이다.

좀더 정확히 말하면 먹고 사는 문제가 해결되었으니 남자로서의 성적욕구 충족과 번식욕구를 충족해 안정된 생활기반을 닦으려 한다는 것이다. 이때 '여자'란 단순한 이성을 의미하지는 않는다. 자신의 인생을 화려하게 장식해 줄 '특별한 여자'를 의미한다.

이 세상 모든 남자들이 열심히 공부를 하고 좋은 직장을 얻어 부와 명예의 충족을 위해 밤낮없이 노력하는 것은 '내 생애 최고의 여자'를 만나기 위한 것이다. 어찌 보면 남자에게 있어 '돈과 여자'는 인생을 살아가는 과정이자 최고의 결과물인지도 모른다.

여자도 마찬가지다. 생존을 위해 돈이 필요하며, 욕구 충족을 위해 남자가 필요하다. 그렇지만 여자에게 있어 돈보다는 남자가 더 우선시된다. 왜 그럴까. 나약한 여자가 혼자 힘으로 거친 세상을 살아가는 데는 적잖은 어려움이 예상된다. 그래서 여자는 자신을 위해 존재하며 경제적 만족감을 안겨주고 성적 욕구와 번식 욕구를 만족시켜 줄 '특별한 남자'를 열망하는 것이다.

그렇지만 여자들의 남자 고르기는 매우 까다롭다. 여자를 차지하기 위해 남자들이 무심코 던지는 '생존과 번식'에 대한 책임적인 사항은 지극히 일관적이어서 언제나 여자들을 고민하게 만든다. 돈을 벌고 성적 욕구를 충족시키는 것은 남녀 모두의 몫이다. 그러나 번식 욕구의 충족은 어디까지나 여자들이 감당해내야 할 부분이 훨씬 크기 때문이다. 아이를 낳고 기르는 것은 어디까지나 여자의 몫이기 때문이다. 그런데 남자가 여자와 자식들을 책임지지 않는다면, 여자는 험난한 인생길을 혼자 힘으로 살아갈 수가 없다.

"아이는 나 혼자 낳았나? 그 책임을 나 혼자 지라고? 왜 이리 세상이 불공평해?"

　인정하기는 싫지만 세상은 불공평하다. 그렇기 때문에 여자들은 남자를 고를 때 까다롭게 살펴보는 것이다. 생활 안정과 가족을 위한 책임, 그리고 욕구 충족까지! 이러한 조건을 모두 통과해야 하기 때문에 남자가 여자를 만난다는 것이 쉽지 않은 것이다. 여자는 인생에 있어 돈도 중요하지만, 더 중요한 것은 자신을 책임져 줄 '제대로 된 남자 그 자체'라는 것을 남자들은 명심해야 한다.

좋아하는 음식이 같으면 속궁합도 딱!

　알고 있는가? 남녀가 음식에 대한 취향이 맞으면 속궁합도 잘 맞는다는 사실!
　이에 대한 연구결과는 없다. 그러나 많은 사람들의 경험담을 토대로 볼 때, 남녀가 좋아하는 음식이 같으면 성적으로 궁합이 잘 맞는다고 한다. 먹는 행위나 성적인 행위나 모두 동물적인 감각이 중요시된다. 음식이 맛있다는 것은 같이 있는 시간이 즐겁다는 것으로 해석된다. 곧 서로의 마음이 잘 맞는다는 것이다. 서로의 마음이 잘 맞으면 육체적인 행위 또한 만족감을 줄 수 있다.

여자는 왜 남자를 까다롭게 고를까?

　여자는 '남자' 그 자체를 열망한다고 이미 설명한 바 있다. 여자는 남자를 고르며 무엇에 가장 치중을 할까. 무엇 때문에 남자를 고르는 데 있어 그리도 까다로운 것인지 알아보자.
　우선 남자들이 분명히 알아둬야 할 것은 여자도 '남자의 외모'를 중요시 여긴다는 점이다. 남자만 여자의 외모에 집중하는 것이 아니고 여자도 남자의 외모를 주의 깊게 살펴본다는 것이다. 여자는 남자에게 있어 인생의 또 다른 면접관이다. 그러므로 입사 면접 때와 마찬가지로 여자를 만나러 나갈 때는 언제나 외모 관리에 신경을 써야 한다. 남자가 패션 감각이 있고, 외모가 비교적 깔끔하다는 것은 내면 또한 충실하고 신체적으로도 건강하다는 것을 의미한다. 인간은 누구나 아름다움을 추구할 권리가 있다. 미적 감각은 다른 동물들과 달리 인간만이 가질 수 있는 고유 권한이기 때문이다.
　식물들이 곧게 자라 예쁜 꽃을 피울 때 우리는 그것들을 바라보며 아름답다고 느낀다. 그것은 지금 바라보는 꽃이 가장 정상적으로 자란 것이며 지금 현재 지극히 건강한 상태라고 인식하기 때문이다. 그렇기 때문에 그 아름다운 꽃에서 풍기는 향기 또한 은은하고 싱그럽게 다가오는 것이다.

마찬가지로 얼굴이 부석부석하고 표정도 어둡고 옷맵시까지 남루하다면, 여자가 바라보는 그 남자의 내면이 정상적이라 할 수 없을 것이며, 신체적 건강상태 또한 의심받게 된다.

외모에 신경을 쓴다는 것은 남자로서 지극히 정상적인 것이며, 지금의 신체적 건강상태 또한 아주 좋다는 것을 의미한다.

요즘은 남자들도 화장을 하고 성형을 하는 시대다. 패션 감각까지 익힌다면 당신은 이 세상 최고의 여자를 만날 수 있다. 외모도 하나의 자기 관리라는 사실을 남자들은 명심해야 한다.

감동을 주는 여자, 감동을 받는 남자

'"남자는 여자 하기 나름이다."

누구나 알고 있는 이야기를 새삼 꺼내는 이유는 여자가 어떻게 행동하느냐에 따라 남자는 커다란 감동을 받을 수 있다는 것을 설명하기 위함이다.

즐거운 데이트를 마치고 헤어지는 길… 다시 돌아보면 남자가 애절한 눈빛으로 여자의 뒷모습을 바라보고 서 있다. 이때 무작정 뛰어가서 남자를 힘껏 껴안아라. 남자는 여자를 더욱 사랑스럽게 안아 줄 것이다. 굳이 말을 하지 않아도 서로 느끼게 되는 사랑의 감정을 영화나 드라마에서나 봄직한 명장면을 연출하며 잔잔한 감동을 느낄 수 있다.

그 남자 그 여자의 매력 포인트 알 수 없을까

남자와 여자의 관심사는 엄연히 다르다. 남자는 아름다운 여자를 바라볼 때 성적 충동이 바로 일어나지만, 여자는 매력적인 남자를 바라보며 한번 진실하게 교제를 하고 싶어 할 뿐, 남자처럼 육체적 욕망에 사로잡히지는 않는다. 남자는 시각적인 매력에 이끌리지만 여자는 그 남자 자체에 관심을 보인다는 것을 알 수 있다.

힘은 남자의 매력이고 외모는 여자의 매력이다. 강한 남자와 같이 있으면 두려울 것이 없고, 미모의 여자와 함께 이야기를 나누면 오랜 시간이 흘러도 아쉽기만 하다. 여기서 남자가 강하다는 것은 육체적인 힘만을 의미하지는 않는다. 사랑하는 여자가 믿고 의지할 수 있는 재력과 완성된 사회적 지위를 일컫는다.

그러나 여자의 매력은 육체적인 매력에 국한될 수밖에 없다. 젊고 싱싱한 외모, 라인이 살아 있는 아름다운 몸매, 보송보송 윤기 나는 피부, 금세 타오를 것 같은 뜨거운 입술, 탄력 있는 머릿결, 그리고 밝은 미소가 남자들을 유혹하는 기본적인 사항이다.

이 세상 모든 남자는 탐스러운 가슴과 엉덩이, 그리고 라인이 선명한 허리를 바라보며 육체적 본능을 일깨운다. 따라서 여자의 아름다움이란 태어날 때부터 주어진 것이 아닌, 살아가며 스스로 가꾸어야 할 필수적인 요소이다. 남자는 여자의 그러한 노력에 더 매력을 느낀다.

성적 매력에 있어서도 남자와 여자는 극명한 차이를 보인다. 시각적인 느낌에 사로잡혀 성적인 관념이 습관화되어 있는 남자들은 항상 새로운 파트너를 찾아 헤맨다. 그러나 촉각이나 청각, 정서적인 느낌을 중요시 여기는 여자들은 지속적인 성적 매력을 개발하려 노력할 뿐 쉽게 섹스 파트너를 바꾸지 않는다.

남녀의 성적 유희는 침실에서도 쉽게 나타난다. 남자는 되도록 밝은 분위기에서 섹스를 즐기고 싶어 하지만, 여자는 어두운 곳에서 은밀한 섹스를 원한다. 이는 곧 남자는 여자의 몸을 직접 보고 느끼려고 하는 반면, 여자는 피부에 와 닿는 느낌과 남자의 미세한 숨소리를 듣고 싶어 하기 때문이다.

이처럼 남자와 여자는 서로 성적 관심사가 다르다. 자칫하면 서로의 육체적 열망이 사라질 수 있으므로 시각과 촉각을 비롯한 모든 조건을 다양하게 이용하며 서로의 감정에 대해 솔직하게 표현할 필요가 있다.

언어로 표현하든 몸짓으로 표현하든 성적인 충동은 남자로부터 시작된다. 그렇기 때문에 여자는 남자의 시각적 자극을 위해 많은 노력이 필요하다. 이를테면 침실 분위기, 야한 속옷, 평소와 다른 화장, 섹스할 때의 체위 변화 등에 대한 노력을 통해 남자의 시선을 사로잡아야 한다.

무거운 죄를 지었더라도 매력적인 사람에게는 법원의 판결도 유리하게 작용하는 법이다. 겉으로 드러나는 경제적 상황과 사회적 지위, 그리고 외모 못지않은 아름다운 내면을 가꾸는 일에 소홀하지 말아야 한다. 매력 있는 사람은 1%가 다르다는 점을 명심하라.

남자의 가슴을 녹이는 최고의 무기는 '속삭임'

'사랑스러운 여자'는 어떤 여자를 이르는 말일까. 남자는 깜찍하고 귀여운 목소리에 스스로 녹아내린다. 데이트 중에는 일반적인 목소리로 말을 하더라도, 전화로 이야기할 때는 목소리의 톤을 다듬어 보자. 약간의 애교가 섞인 목소리라면 더욱 좋다. 조금 낮은 목소리로 천천히 이름을 부르며 속삭여 보라. 남자의 두근거리는 가슴과 타는 듯한 목마름을 느낄 수 있을 것이다.

성적 매력이 가장 가치 있는 유혹의 수단일까

성적인 매력은 남녀 사이에 있어 가장 솔직하고 고유한 유혹의 수단이 된다. 자연스럽게 상대를 대하며 은밀한 성적 매력을 발산하는 것도 이성의 숨어 있는 감각을 깨우는데 효율적인 방법이 된다. 잠자고 있는 욕망이 치솟는 듯한 시선과 행동은 이성의 마음을 흔들어 억압된 육체에 불을 지핀다.

그렇다고 해서 자기만의 즐거움과 만족을 위해 강압적으로 이성을 이끌어서는 안 된다. 가장 자연스러운 방식으로 상대가 촉촉이 젖어들어 스스로 육체적인 쾌락을 느낄 수 있도록 만들어야 한다.

이성의 복잡한 마음이 안정을 되찾으며 새로운 감각에 눈을 뜨게 되면 숨어 있는 욕망이 끓어오르며 감각이 되살아나기 시작한다. 이때 이성에게 강한 눈빛을 보내는 것도 좋다. 뜨겁고도 강렬한 시선은 경우에 따라 이성의 몸을 후끈 달아오르게 한다. 이성을 유혹하는 데 있어 외모도 중요하지만, 이성의 감각을 꿈틀거리게 하기 위해서는 시선으로 이성의 마음을 움직일 수 있는 시각적인 감각에 우선 의존해야 한다.

그러나 인간의 감각이란 서로 통하기 마련이다. 시각적인 반응에 힘입어 손과 입술을 끌어당기는 촉각의 힘이 발휘된다. 그러면서 이성의 향긋한 향기를 느끼게 하는 후각적인 감각이 온 몸의 신경을 자극하게 된다.

우연한 신체 접촉은 이성에게 충격만을 선물할까? 그건 절대 아니다. 충격적일지라도 신선하고 짜릿한 느낌의 연속이 된다. 그러나 자신만의 감정이 들끓어 강제적으로 다가가서는 안 된다. 비록 고의적이라도 우연을 가장한 가벼운 터치가 이성의 마음을 열게 한다. 여기에 은밀하고도 농염한 '속삭임'까지 더한다면 사랑의 농도는 더욱 진하게 무르익는다. 이때부터 서로의 이성적인 감각은 어디론가 사라지고 만다.

그렇다고 마음을 놓고 노골적인 행위를 시도해서는 안 된다. 유혹의 절정을 맛보려면 끈기 있게 기다리고 인내하는 자세가 필요하다. 이성의 감각에 기대어 스스로 문을 열고 나오기를 기다려야 한다. 그것은 말이나 행동을 통해 나타나는 것이 아니다. 손끝과 입김에 의해 파르르 떨리는 몸짓의 신호를 잘 살펴봐야 한다. 욕망의 빛… 그윽한 시선으로, 농염한 목소리로, 부드러운 손길로 이성 스스로 욕망의 빛을 밝히도록 만들어야 한다.

이것은 어떠한 훈련과정을 통해 만들어지는 것은 아니다. 사랑하는 연인이 나타난다면 자연스럽게 이루어지는 행동이다. 이성을 유혹함에 있어 항상 자신의 감정을 억제하며, 상대를 끊임없이 자극해 스스로 무너지게 만들어야 한다. 나 자신이 끓어오르는 욕망을 감추고 자제할수록 상대는 더욱 몸이 달아 올라 멈출 수가 없게 된다.

이성이 자신에게 완전히 다가왔다는 판단이 들때, 그동안 짓 누르고 있던 감각적인 욕망을 마음껏 분출시켜 이성을 뜨겁게 안아 주어야 한다. 이때 스킨십이 꼭 필요한 것은 아니다. 육체 적인 욕망은 서로 끌어당기는 힘이 있어 상대 역시 간절히 원 하고 있다. 그 스스로 베일을 벗고 다가오기를 기다려야 한다. 내가 원하는 성적인 욕망의 속마음을 상대에게 굳이 드러낼 필요는 없다. 기다리고 있다가 다가오면 못 이기는 척 받아 주 는 것이 상책이다.

이성을 유혹하는 사람은 상대방이 먼저 신체적인 접촉을 하 도록 계기를 만들어 줄 뿐이다. 이러한 느낌이 강하게 들면 머 뭇거리지 말고 달려들어 상대가 지금 이 순간을 위해 모든 것 을 바칠 수 있도록 유도해야 한다. 이렇게 되면 이성의 몸과 마 음이 다른 판단을 할 수 없기 때문에 더 이상의 상황은 전개되 지 않는다. 자신의 위치, 윤리적 기준, 내일의 계획 등이 모조 리 사라지기 때문에 육체는 흥분의 도가니에 빠져 쾌락만을 위해 모든 것을 열어 주게 된다.

이때 주의할 점은 첫째, 외모에 있어 조금 빈틈을 보이라는 것이다. 깔끔한 모습보다 어느 정도 수수하고 부족한 듯한 외 모를 보여줄 때 이성의 감각을 자극하기가 수월하다. 어딘가 모르게 흐트러진 모습에서 남녀의 은밀한 공간이 침실을 떠올릴 수 있다. 둘째, 상대가 육체적 흥분을 드러낼 때는 저돌적으로 행동해야 한다. 얼굴이 붉어진다거나 목소리의 떨림, 초점을 잃은 두 눈, 이유 없이 비비적대는 몸짓 등은 이성이 성적 유혹에 깊이 이끌리고 있다는 것이다. 이런 형상을 감지하면 맹수가 먹이를 낚아채듯 저돌적으로 끌어당겨야 한다.

하지만 성적 유혹에서 가장 큰 문제는 상대방의 교육 수준이다. 많이 배운 사람일수록 자신의 육체를 억눌러 성적 흥분을 감추고, 이성을 경계하는 습성이 있다. 그러나 유혹하는 사람에 따라 달라질 수 있다는 점을 염두에 둬야 한다.

이를테면 가벼운 운동을 통해 육체적 활동을 공유하는 것도 좋은 방법이다. 수영이나 댄스 등은 신체적 접촉을 높여 긴장을 늦추는가 하면 몸의 움직임대로 빠져들게 된다. 유혹은 검은 그림자의 습격이나 고무줄놀이와도 같은 밀고 당기는 게임이라 유혹하는 사람은 이 점을 명심해야 한다. 어느 시점에 다다르면 윤리적인 판단이나 이성적인 사고가 말끔히 사라져 본래의 순수한 상태로 돌아가게 된다. 따라서 신체적 접촉률을 높일 수 있는 운동이나 취미활동이라면 상대방의 마음을 유혹하는 데 있어 많은 도움이 된다.

나그네의 옷을 벗기는 것은 세찬 바람이 아니고 따뜻한 햇살이듯, 상대를 취하게 만드는 것은 독한 술이 아니라 상대를 유혹할 수 있다는 자신감과 느긋한 기다림이다. 상대를 유혹하기 위해 조바심은 금물이다. 무조건 밝은 얼굴을 보여주도록 해야 한다. 이렇게 해서 이성이 자신이 이끄는 대로 자연스럽게 몸과 마음을 열 수 있도록 시간적·마음적 여유를 주어야 한다.

섹스는 몸으로 나누는 향긋한 대화

연인 또는 부부끼리는 굳이 많은 대화가 필요 없다. 서로 만나 섹스만을 즐긴 채 잠들거나 헤어진다고 해도 서운해 할 필요가 없다. 섹스는 인간만이 누릴 수 있는 몸으로 나누는 가장 향긋한 대화이기 때문이다. 남성이 여성에게 성관계를 요구한다는 것은 정말 사랑한다는 마음을 몸으로 전하고 있는 것이다.

더 재미있는 사실은 여성이 남성의 몸놀림에 호응을 해 주면 남성의 행동이 더 부드럽고 열정적으로 변해 간다는 것이다. 섹스는 쾌감을 안겨줄 뿐만 아니라, 육체적 피로를 말끔히 없애 주는 치유의 기능까지 한다.

유혹에 이끌리기보다 과감하게 나서서 유혹하라

유혹에 있어 법칙이란 따로 존재하지 않는다. 과일이나 곡식은 알맞은 햇빛과 바람, 그리고 양질의 거름이 있어야 그 결실을 맺지만, 유혹은 상대에게 어떻게 하느냐에 따라 때를 가리지 않고 무르익게 마련이다.

그러나 육체적 욕망에 사로잡혀 있는 상대가 그 사실을 인정하지 않는다면, 팽팽한 긴장감과 갈등의 골만 깊어진다. 이처럼 경직된 상황에서 벗어나려면 과감한 결단력이 필요하다. 이성 앞에서 머뭇거리거나 불편한 심기를 드러내서는 안 된다. 무언가 계산적인 속셈을 나타내는 것도 금물이다. 좀더 과감하게 이성의 매력에 심취하고 있다는 느낌을 전해야 한다. 이것은 이성의 행동에 대한 타협이나 인정이 아니다. 더욱 공격적으로 상대를 유혹하기 위한 과감한 행동일 뿐이다. 분명히 말하지만 과감한 행동은 결코 남성들만의 전유물이 아니다. 여성 입장에서도 경우에 따라 매력적인 남성을 유혹할 때 과감하게 시도할 필요가 있다.

엄마 뱃속에서 나올 때 우리는 세상을 향해 우렁찬 울음소리로 자신의 탄생을 알리는 적극적이고도 과감한 성격이었다.

소심하다는 것은 우리 자신이 스스로 둘러놓은 윤리적 기준에서 비롯된 것이다. 지나치게 타인의 시선에 주목하고, 그 범위에서 벗어나려 하지 않는 소극적인 삶을 과감하게 떨쳐내야 한다. 실패의 기억이나 성공의 자만심, 그리고 겸손을 가장한 가면은 유혹에 있어 치명적인 결과를 초래한다는 사실을 알아야 한다.

내가 과감하게 다가갈 때 비로소 상대방의 억눌린 감정을 벗길 수 있는 것이다. 사람은 누구나 자신의 억눌린 감정을 드러낼 기회만을 노린다. 그렇기 때문에 이성을 성공적으로 유혹하기 위해서는 과감한 행동이 필수적이다. 과감한 행동은 서로의 거리를 좁혀 줄 뿐만 아니라, 어색한 감정이나 의심 따위를 무색하게 만드는 효과를 발휘한다.

유혹은 끌어당기는 힘이다. 클럽에서 선뜻 나서기를 싫어하는 사람도 다른 사람의 손에 이끌려 나가면 누구보다도 즐겁게 춤을 추며 즐기는 모습을 볼 수 있다. 이러한 과감한 행동이 상대방에게 노여움을 살 수 있다는 두려움을 말끔히 벗어 던져야 한다.

앞서 '과감한 행동이 남자들만의 전유물이 아니다'라고 밝혔듯, 이성을 유혹하는 데 있어 남녀를 불문하고 과감하게 행동할 것을 적극 권유하고 싶다. 상대방의 유혹에 이끌리는 감정보다 과감하게 나서서 이성을 유혹하는 게 더 큰 기쁨과 만족감을 느낄 수 있다.

과감한 행동을 할 때는 항상 극적인 상황을 만들어야 한다. 이성에게 유혹을 당하면서도 마치 끌려간다는 느낌이 아닌, 꿈처럼 평온하고 아늑한 분위기를 즐길 수 있도록 해야 한다. 상대를 배려하는 마음으로 조금만 지혜롭게 생각을 넓히면 누구나 쉽게 극적인 상황을 자유자재로 연출할 수 있다. 어떠한 상황이건 지금까지와는 별개의 이색적인 상황을 만들어야 한다.

과감한 행동을 보일 때는 일상적인 말로 표현하기보다는 일상과 확연히 구분되는 분위기를 연출해 자신의 감정을 상대에게 고스란히 전달해야 한다. 이처럼 상대방의 무의식 상태를 빨리 알아채 저돌적으로 행동한다면, 상대는 자신도 모르는 사이에 허물어지고 마는 것이다.

우리 주위에는 이처럼 과감한 행동으로 성공을 거둔 여성들을 쉽게 찾을 수 있다. 안토니우스를 유혹한 클레오파트라, 나폴레옹의 마음을 사로잡은 조제핀, 세상을 유혹해 많은 부를 축적한 라 벨 오테로나 등은 여성 특유의 웃음과 애교로 상대방의 욕망을 손에 넣었다. 그리고 가만히 뒤로 물러서 상대 남성에게 결단력 있는 과감한 행동을 하도록 부추긴다. 이들은 자신이 유혹의 주체가 되어 상대를 먼저 굴복시킨다. 유혹을 당하고자 하는 나약한 남성의 심리를 이용한 것이다. 남성이 대담하지 못하다면, 여성 스스로 그 대담함을 보여야 한다. 그것은 새삼 색다른 매력으로 다가갈 것이다.

소심한 남자에게 고백을 받는 방법

아무리 소심한 남자라도 노래방에서 자신의 애창곡 정도는 부른다. 더구나 색색의 조명 아래 사랑하는 사람과 단둘이 있다고 생각하면 그녀를 위해 달아오른 마음을 표현하기 마련이다. '사랑한다, 널 갖고 싶다' 등의 부끄러운 마음을 직접 대놓고는 말 못해도 노래방에서 사랑에 관한 노래를 부르다 보면 자연스럽게 사랑을 싹틔울 수 있다. 소심한 남자에게 고백을 받고 싶다면 그에게 마이크를 쥐어 주자.

2장

유혹할래, 유혹당할래, 화끈하게 당할래?

남녀는 서로 다른 공간 속에서 살고 있다

남자와 여자는 신이 만들어 준 가장 아름다운 선물이다. 우연히 만나 서로 사랑하고 함께 살면서 왜 서로에게 상처를 주며 살아가는가. 그 이유는 바로 남자와 여자는 서로 다른 공간 속에서 살고 있는 것이다. 남자와 여자가 사는 공간은 서로 달라 쉽게 조화를 이룰 수가 없는 것이다.

힌두교의 창조설을 살펴보면, 남자와 여자는 같이 있으면서도 서로 다른 공간에 살고 있다는 사실이 극명하게 드러난다. 그 차이는 매우 크므로 서로에게 상처를 주고 있는 것이다. 아래 인용문을 살펴보자.

신이 여자를 만들면서 꽃의 아름다운 자태와 새들이 지저귀는 맑은 소리, 그리고 무지개의 선명한 빛을 담았다. 여기에 물결의 잔잔한 여운과 온순한 양의 미소, 그리고 교활한 여우의 몸짓과 구름 및 소나기의 변덕스런 흐름을 여자의 몸에 깊이 흡수시켰다.

이처럼 매력적인 이브를 만난 아담은 하루하루를 행복하게 보냈다. 아담과 이브는 신선한 자연을 마음껏 즐기며 아름다운 사랑을 키워 나갔다. 그런데 이들의 즐거운 시간도 그리 오래 가지는 못했다.

어느 날 아담은 신을 찾아가 그동안의 힘겨운 이야기를 꺼냈다.

"이 여자랑은 도저히 살아갈 수가 없으니, 제 곁에서 멀리 떠나게 해 주세요."

이 말을 들은 신은 아담에게서 이브를 멀리 떠나보냈다.

그 후 이브가 없는 세상에서 아담은 홀로 외로움과 맞서 싸워야 했다. 얼마 후 외로움에 지친 아담은 다시 신을 찾아갔다.

"이브를 다시 만나게 해 주세요. 그녀가 없는 세상은 외로워서 도저히 혼자 살아갈 수가 없습니다."

신은 다시 이브를 아담의 곁으로 보냈다. 한동안 그들은 못다한 사랑을 나누기에 여념이 없었다. 그러나 그것도 잠시뿐이었다.

며칠 후 아담은 다시 신을 찾아가 푸념을 했다.

"신께 맹세합니다. 그녀와 다시 헤어지게 해 주십시오."

신은 다시 아담에게 아량을 베풀었다. 아담은 다시 혼자가 되고, 또다시 외로움을 느끼기 시작했다. 아담은 다시 신을 찾아갔다.

"여자 없이는 하루도 살아갈 수 없습니다."

머리를 조아리며 사정을 하는 아담에게 신은 몇 가지 서약을 하도록 했다.

1. 한 여자를 사랑하는 마음, 영원히 변하지 않는다.
2. 그 여자가 좋든 싫든 평생 운명을 함께 해야 한다.
3. 절대 헤어지지 말고, 이 지상에서 함께 살아라.

아담은 왜 이브와 만나고 헤어지기를 반복했을까? 쉽게 말하자면 그것은 서로 '노는 물이 다르기' 때문이다. 몸과 마음이 서로 다른 공간에 존재하다 보니 서로 조화를 이루기가 쉽지만은 않은 것이다.

남자와 여자, 과연 무슨 차이가 있는 것인가.

첫째, 생각이 다르다. 둘째, 느끼고 반응하는 속도가 다르다. 셋째, 대화를 하는 방식이 다르다. 넷째, 서로 원하는 바가 다르다. 다섯째, 사랑하는 것과 섹스를 즐기는 방식도 다르다.

이외에도 남녀의 차이는 극치를 달린다. 결국 살아가는 모든 방식이 다르다는 것이다. 이러니 어찌 조화를 이루며 살아가길 바라겠는가.

서로 다른 남녀가 결혼을 해 한 집안에서 같은 이불을 덮고 자면서도 속마음을 알 수가 없다.

동상이몽(同床異夢) : 같은 침상(寢床)에서 서로 다른 꿈을 꾼다는 뜻으로, ① 겉으로는 같이 행동(行動)하면서 속으로는 각기 딴 생각을 함을 이르는 말 ② 비유적(比喩的)으로 같은 입장(立場), 같은 일인데도 목표(目標)가 저마다 다름을 일컫

는 말 ③ 기거(起居)를 함께 하면서 서로 다른 생각을 함

- 출처 : 네이버 어학사전

이 한자성어를 모르는 사람은 거의 없을 것이다. 인터넷 검색을 통해 한자성어에 대한 의미를 그대로 옮겨왔다. 남자와 여자란 살을 맞대고 있어도 서로 생각하고 지향하는 바가 다르다는 의미를 내포하고 있다. 이처럼 서로 다른 공간에서 살고 있기 때문에 갈등은 끊임없이 지속되는 것이다.

이혼 위기를 현명하게 극복한 사람들은 이렇게 말한다.

"서로 다른 것이 너무 많다는 것을 스스로 인정하면 싸울 일도 없고, 서로에게 상처를 주는 일도 없는 것이다."

이제부터 서로 다르다는 것을 인정해야 한다. 그게 습관화되면 상대를 향한 분노도 끓어오르지 않을 것이며, 높은 불신의 벽도 말끔히 사라질 것이다.

상대를 변화시키려고 하지 마라. 그것처럼 어리석은 일은 없다. 서로 다름의 차이를 인정하고, 상대를 이해하려 한다면 서로 조화를 이루어 이 세상을 즐기면서 살아갈 수 있을 것이다.

신이 만든 최고의 작품은 바로 남자와 여자이다. 그렇기 때문에 우리의 인생이 더욱 아름다운 것이다. 남자는 여자의 시각으로 상대를 대하고, 여자는 남자의 시각으로 상대를 이해해 준다면 행복한 삶과 즐거운 인생이 영원히 지속될 것이다.

인생의 모든 것은 'Give & Take'로 통한다. 무조건 먼저 베

풀어라. 그러면 상대는 나에게 두 배 세 배 이상 보답할 것이다. 사랑도 주고받는 맛에 더 끌리는 법이다.

남자도 칭찬을 받으면 어린아이가 된다

마음에 드는 남자가 있을 때 쉽게 접근하기가 어렵다면 '칭찬'이라는 무기를 꺼내 보는 것도 좋다. 아무리 냉철한 성격의 남자라도 칭찬에는 약한 법이다. 평소와 다른 옷차림이나 헤어스타일 등에 약간 과장된 듯한 칭찬을 쏟아 부어라. 칭찬을 받고 기분 나빠 할 남자는 없다. 남자는 가슴이 두근두근거려 여자에게 관심을 보이게 된다.

여성이 모르는 남성 심리 엿보기

있는 척, 아는 척! 남자들은 도대체 왜 이럴까.

남자들은 힘과 능력이 요구되는 냉혹한 승부의 세계에 살고 있다. 승부욕이 강한 남자들은 상대방의 기를 꺾고 자신의 위치를 당당히 밝히기 위해 조금은 자신을 내세울 줄 알아야 한다. 그렇게 해서 누군가로부터 인정을 받는다면 그것이 곧 기쁨과 희열인 것이다.

주변을 살펴보면 허풍을 잘 떠는 남자를 쉽게 만날 수 있다. 그런 남자는 허풍을 떠는 그 순간에도 알게 모르게 착각 속에서 빠져나오지를 못한다. 마치 지금 이 순간이 진실이라 여기기 때문이다.

이와 반대로 열등의식이 강한 남자일수록 과시욕에 사로잡혀 있는 경우가 종종 있다. '별 볼일 없는 강아지 한 마리도 집 앞에서는 악랄하게 짖어댄다'는 말이 있다. 이것은 자신의 나약함을 깊이 감추고 싶은 열등의식에서 비롯된다. 정말 힘이 강한 존재는 그저 묵묵히 자리를 지킬 뿐이다.

이러한 남자의 과시욕은 여자 앞에서 더욱 심해진다. 누구나 다 알고 있는 사실을 마치 자신만 아는 것처럼 주저리주저리 떠들어댄다. 이러한 남자의 심리는 바로 여자의 '칭찬'이다.

혹은 자신의 식견을 여자로부터 인정받고 싶어 하는 망상이라고도 한다. 남자에게 매력적으로 보이고 싶은 여자들의 심리도 이와 같지 않을까.

또 남자들은 도박성이 강하다. 도전정신으로 무장되어 있는 남자가 도전을 통해 얻는 짜릿한 성취감이야말로 남자들이 최고로 즐기는 놀이라고 할 수 있다. 그러나 마음뿐이지 자신의 노력만으로는 목표에 도달하기 결코 쉽지 않다. 그렇기 때문에 행운에 의지해 요행수를 바라는 것이다. 그러나 제대로 된 도전정신이 있고, 자기관리에 충실한 남자는 결코 도박에 발을 들여놓지 않는다. 차라리 화장실에서 홀로 신문을 읽거나 어떠한 놀이에 열중한다.

여자들이 외모를 가꾸고 쇼핑에 집중하고 있을 때, 남자들은 놀이에 빠져든다. 골프, 테니스, 탁구, 조기축구 등 그게 어떤 종류의 놀이든 남자는 한번 빠져들면 좀처럼 멈출 줄을 모른다. 끊임없이 생활의 변화를 추구하는 남자들. 지금까지 해 보지 않았던 새로운 것에 대한 열망이 가득하다. 빨리 끓고 쉽게 식어버리는 남자들의 성격에 그 이유를 찾을 수 있다. 그래서 남자들이 스포츠 경기에 쉽게 '미쳐 버리는' 것이다.

놀이에 대한 흥분이 가라앉고 기운이 빠지면 남자들은 화장실에 조용히 앉아 신문을 본다. 나름대로 홀로 고독을 즐기는 것이다. 간혹 여자들도 화장실에 갈 때 책이나 신문을 들고 가는 경우가 있다. 이런 여자라면 충분히 이해할 것이라고 본다.

"오늘은 내가 쏠게! 끝까지 가는 거야~"

남자의 과시욕은 식사자리나 술자리에서도 여지없이 드러난다. 물론 돈을 쓰는 데 있어 인색한 남자는 사회적으로 인정받기 힘들다. 그러나 무턱대고 돈에 대한 우월의식을 갖는 것은 좋지 못하다. 그것은 진정한 남자의 모습이 아니다.

우월감에 빠져 돈을 물 쓰듯 하고, 그 무리의 우두머리가 된들 무슨 소용이 있겠는가. 평소에 위축된 삶을 살다가 모처럼 분에 넘치는 행동을 해 자신의 존재를 알리고 싶은 마음은 이해를 한다. 그러나 돈이라는 것은 '개처럼 벌어서 정승처럼 쓰라'는 말이 있듯, 함부로 주머니를 열어서는 안 된다.

1초의 유혹 노하우
화끈하게 물어봐

남자는 여자하기 나름

무심한 남자도 여자의 행동 하나하나에 관심을 갖는다. 마음에 드는 남자랑 길을 걸어갈 때, 그에게 너무 다가서지도, 떨어지지도 말라. 어느 순간 그의 옷소매를 잡아당겨라. 그러면서 "저기요~!"라고 말을 해라. 그러면 남자의 가슴은 두근거린다. 아늑한 카페나 조용한 공원을 가리키는 것도 좋다. 그러면 남자는 여자와 함께 아늑한 카페에서 차를 마시고, 조용한 공원 벤치에 앉아 어깨라도 감싸고 싶은 마음에 다리에 힘이 풀릴 것이다.

남성이 모르는 여성 심리 엿보기

　전화통화를 오래 하는 여자, 무드에 약한 여자, 키가 작은 남자를 싫어하는 여자…. 여자들의 심리는 참으로 복잡하다.
　남자들은 전화통화를 할 때 용건만 간단히 말하고 바로 끊는다. 그러나 여자들은 마음 속 찌꺼기가 모두 없어질 때까지 통화를 한다. 끝내는 상대방을 설득시켜 자신의 마음을 이해하도록 만든다. 어떠한 상황에 몰입하는 여자들의 심리는 생각하면 할수록 존경스럽기까지 하다.
　게다가 전화통화를 하면서도 상대가 마치 눈앞에 있는 것처럼 사실적으로 통화를 한다. 그렇기 때문에 전화통화만 하면 있는 얘기 없는 얘기 모두 술술 흘러나오는 것이다.
　이것은 여자들이 자신의 생각을 정리하는 힘이 부족하다는 것을 증명한다. 때때로 이야기를 장황하게 늘어놓으면서도 정작 자신이 꼭 해야 할 말은 잊어버리는 경우가 종종 있다. 그러면 잠시 쉬었다가 다시 전화를 걸어 쉴 새 없이 이야기를 이어나간다.
　이처럼 여자들이 논리적인 것과는 거리가 멀기 때문에 다가오는 느낌의 중요성만 인식하고 산다. 어떠한 상황에 대한 몰입도가 뛰어나기 때문에 담벼락에 홀로 피어 있는 장미 한 송이를 바라보더라도 쉽게 몰입할 수 있는 것이다. 스스로 공상의 날개를 펴고 있는 것이다. 헤어진 남자가 선물했던 장미랑 빛깔이 똑같네, 저 장미도 나처럼 쓸쓸하겠구나…. 갑자기 문학소녀가 되어 앞뒤도 안 맞는 스토리를 엮어 간다. 그렇다고 여자가 단순하다는 말은 절대 아니다. 언어, 표정, 몸짓, 소리, 색감 등에 대한 전반적인 느낌을 세심하게 받아들인다.

보이는 것, 들리는 것, 피부로 느껴지는 것 등이 완벽하게 조화를 이루면 여자는 그 분위기에 도취되어 맥없이 쓰러진다. 조용한 카페에서 들리는 감미로운 선율, 조명빛이 아름다운 레스토랑, 겨울바다의 파도소리 등에 빠져 끓어오르는 감정을 억제하지 못한다. 그 순간만은 그녀 자신이 이 세상의 주인공인 것이다. 이와 같은 감성적인 심리를 가진 여자들이 놀랍게도 남자를 고를 때는 지극히 논리적인 성격을 드러낸다.

대부분의 여자들이 싫어하는 남자의 스타일이 '키가 작은 남자'라는 것이다. 데이트를 할 때 서로 수평이 안 맞아 보기 흉하다는 생각을 갖고 있기 때문이다.

무언가를 고를 때 여자들은 까다롭다. 옷을 살 때, 핸드백을 살 때 보면 여자들은 이 매장 저 매장을 완전히 헤집고 다닌다. 그러다 아까운 시간만 허비하고 발길을 돌린다.

여자가 남자를 고를 때도 그 기준은 엄격하다.

첫째, 사신의 마음에 들어야 하며, 둘째, 주위 사람들의 시선을 만족시켜야 한다. 그래서 키 작은 남자는 주위 사람들로부터 웃음만 사게 되지 않을까 하는 두려움이 앞서기 때문이다. 이처럼 여자는 다른 사람들의 시선을 의식한다. 또한 키 작은 남자는 왠지 믿음직스럽지 못하다는 생각이 지배적이다. 여자들은 명심해야 한다. 이 세상에 모든 조건을 완벽하게 갖춘 남자는 결코 당신을 선택하지 않을 것이라는 사실을!

호칭을 바꾸면 없던 사랑도 쌓인다

사랑하는 연인 사이에 둘만의 비밀을 만들어라. 이를테면 둘만 통할 수 있는 호칭을 부르는 것이다. 명품 핸드백 제조업체로 잘 알려진 시몬느! '시몬느'라는 이름은 업체 회장이 연애시절 자신의 부인에게 불렀던 애칭이다. 결국 그들은 애틋한 사랑의 꽃을 피워 결혼에 성공했으며, 거대 기업을 세워 세계적인 핸드백 브랜드로 입지를 굳혔다. 사랑은 때론 인생의 성공을 불러오는 법이다.

남자의 성 테크닉 VS 여자의 로맨스는 무엇일까

섹스를 할 때 남자와 여자가 느끼는 감정은 매우 다르다. 그렇기 때문에 '성 트러블'이라는 갈등이 생기기도 한다.

남자라는 동물은 육체적인 쾌락에 의해 행복을 느낀다. 가장 자연스러운 방식으로 성욕을 발산하고 싶어 하는 것은 모든 남자들의 공통된 과제이다. 본능적인 성욕을 억제하지 못해 지나친 육체적 쾌락에 집중한 나머지 평균 수명의 단축이라는 안타까운 현실을 맞이하기도 한다.

종족번식은 인간뿐 아니라, 모든 동물이 갖는 공통된 습성이다. 이것은 수컷의 대명사인 남자들의 성적 욕구를 자극하는 요인이기도 하다.

남자들은 일단 성적 욕구가 끓어오르면 장소와 시간에 영향을 받지 않고 쉽게 흥분한다. 이때 남자에게 어떤 여자든 관계가 없다. 남자의 시선은 모든 여자에게 열려 있으므로, 일단 성적 흥분 상태가 되면 '여자라면 다 좋은' 것이다. 그래서 흔히 남자를 가리켜 '짐승'이라고 부르는 것이다.

마치 자신이 탐험가라도 된 양 성에 관해 낱낱이 파헤쳐 보고 싶어 한다. '다른 여자들은 느낌이 어떨까, 가슴이 좀더 탐스러울까, 아랫도리가 더 뜨겁지 않을까' 성에 관한 끝없는 호기심과 욕구가 두뇌의 한 부분을 차지하고 있다.

이러한 성적 욕구는 경우에 따라 참을 수 없는 고통을 수반하기도 한다. 몸속에 가득한 정액이 분출될 방향을 찾지 못해 불안에 떨어야 한다. 하루에도 여러 차례 자위행위를 하지 않으면 안 될 정도로 성적 충동에 시달리는 남자들은 지나가는 여자를 바라만 봐도 온갖 성적 망상에 사로잡히게 된다.

"남자로 태어난 것이 너무도 원망스럽다."

마땅히 교제하는 여자도 없이 혼자 살고 있는 노총각의 신세 한탄이다. 농담으로 받아 넘기기에는 남자로서의 본능적인 힘이 너무나도 강하다는 것을 느낀다.

만나는 여자가 있어 성욕을 해소하는 데 있어 비교적 자유로운 남자들도 고민을 안고 살아가긴 마찬가지다. 대부분의 남자는 '성 테크닉'을 중요시 여긴다. 그 대부분이 성 콤플렉스에 걸려 있다.

섹스를 하면서도 애정과 감정의 친밀도에는 별 관심이 없다. 오직 '정력과 테크닉'을 그 기준으로 삼는다. 그렇기 때문에 남자는 사랑이 없이도 아무 여자와 섹스를 즐길 수 있는 것이다. 이로 인해 성 콤플렉스도 생겨난 것이다. 성기의 길이가 작다거나, 굵기가 가늘다거나, 사정하는 데 걸리는 시간이 빠르다거나 등은 남자들을 또 다른 고통에 빠뜨린다. 남자들은 삽입 중심의 섹스만을 생각하기 때문이다.

"너 어제 걔랑 몇 번 했어?"

남자들 사이에서는 성공담처럼 묻고 대답을 한다. 이런 게 남자의 능력이라고 믿는다. 하룻밤에 몇 번 섹스를 할 수 있는가, 한 번 할 때 시간은 얼마나 걸리는가 등은 남자로서의 자신감을 과시하는 도구가 되기도 한다.

남자의 성기는 곧 자존심이다. 몸과 마음이 모두 정상적일 때 발기하는 힘은 대단하다. 그러나 어느 한 부분이라도 이상이 생기면 남자의 성기는 힘을 잃게 된다. 남자들에게 있어 정신적인 문제는 심각한 발기부전을 불러오기도 한다. 명퇴 및 사업 실패자들이 갑자기 발기불능이 되는 것은 이 같은 이유 때문이기도 하다. 경제적 능력을 상실해 남자로서의 자존심이 사라졌다는 증거다. 따라서 여자들이 세워야 할 것은 남자의 성기만 있는 것이 아니다. 남자의 자존심을 바로 세워 심신이 건강한 상태를 유지해 주는 것이다.

그렇다면 여자는 어떠한가? 섹스를 좋아하는 남자와는 달리 여자는 로맨스를 즐긴다. 그렇기 때문에 남자가 좋아하는 침실 테크닉과 여자가 원하는 침실 테크닉은 달라도 한참 다르다. 그걸 모르는 남자들이 야동을 통해 몰래 배운 테크닉을 그대로 써먹으려 하다가 여자의 거절로 낭패를 보는 경우가 많다. 이런 남자들은 '내가 좋아한다고 해서 여자도 좋아할 것'이라는 착각에서 빨리 벗어나야 한다.

미인은 이슬을 먹지만, 여자는 사랑을 먹어야 한다는 사실을 남자들은 명심해야 한다. 여자가 섹스를 원할 때는 남자로부터 사랑을 확인받고 싶어 하는 것임을 남자들은 모른다.

여자의 옷을 벗기기 위해서는 로맨스가 필요하다. 여자는 섹스 그 자체를 즐기는 것이 아니라, 아늑한 분위기와 남자의 사랑스러운 손길을 더 느끼고 싶어 한다.

사랑하는 남자의 손을 잡고 조용한 산책을 하거나, 분위기 있는 카페에 앉아 남자의 어깨에 기대거나 할 때 더 은은한 성욕을 느낀다. 또 길게 펼쳐진 숲이나 수평선이 바라보이는 아름다운 곳에서 섹스를 즐기고 싶어 한다.

남자는 욕정이 사로잡히지만, 여자는 애정에 젖어든다.

남자는 섹스를 통해 정액을 분출하는 것으로 모든 긴장감을 해소하지만, 여자는 삽입 전 부드러운 정서에 친근감을 느낀다. 그 애정에 취해 본능적으로 모든 문을 열어 주는 것이다.

물론 여자에게도 성욕이 있다. 섹스를 남자의 욕구를 채워 주는 행위로 치부하는 시대는 지났다. 전통사회에서 그것이 억압되어 왔기 때문에 여자의 성욕은 아예 없는 것처럼 보일 뿐이다.

그러나 이제는 시대가 변하고 여성들도 자신의 권리를 찾고 또 쾌락을 즐기고 있다. 남자들이 밖에서 받은 스트레스를 풀어 줄 안락한 가정이 필요하다면, 여자들도 지친 마음을 기대어 위안을 받고 싶은 남자가 필요한 것이다.

남자들의 욕망을 풀어 주는 대상이 되었던 섹스. 이제 여자들도 당당히 즐기는 법을 배워서 요구해야 한다. 마음에 드는 남자가 나타난다면 당당하게 말하라. "저와 섹스하지 않을래요? 남자와 자본 지가 꽤 오래 되었어요." 이보다 더 확실한 유혹은 없을 것이다. 그러나 여자는 로맨스를 즐기는 감성적인 존재다. 사랑이 없이도 섹스를 즐기는 짐승 같은 남자와는 차원이 다르다. 남자들은 명심해야 한다. 무조건적인 섹스보다는 그녀의 마음에서 사랑이 녹아 흘러내리기를 기다려야 한다는 것을.

'질' 적으로 남자를 빨아들이는 방법은 무엇인가?

여자의 성 근육은 치골에서 미골까지 연결된 튼튼한 힘줄을 말한다. 이 성 근육에 힘이 떨어지면 삽입할 때 질에 힘을 가해 남자의 성기를 조여 주기가 어렵다. 또한 성욕이 약해져 오르가슴을 제대로 느끼지 못한다. 질을 조이는 훈련방법으로 잘 알려진 케겔법으로 질을 단련시켜야 한다. 이 케겔법은 출산 및 요실금 치료에도 효과적이다. 질이 건강한 여자가 남자를 지배할 수 있는 법이다.

프로포즈와 유혹은 멋지게 해야 한다

"사랑이라는 것은 일단 시작되면 결코 멈출 수 없다." 아놀드 베네트가 한 말이다. 이는 곧 남녀가 사랑을 하게 되면 환상에 빠질 수밖에 없다는 의미인 것이다.

연애라는 것은 남녀 사이에 있어 매우 불안정한 사랑의 형태라는 인식이 강하다. 맑은 하늘에 갑자기 소나기가 퍼붓는 것처럼 언제 깨어질지 모르는 상황이기 때문이다. 수십 년간 지속되던 부부간의 사랑도 쉽게 깨지는 게 요즘의 현실이다. 이에 비하면 환상 속에 파묻혀 있는 연애가 몇 달도 못 가고 끝난다는 것에 대해 그 어느 누구도 의아해 하지 않는다.

연애란 같이 있으면서 즐거운 것만 보려 하는 것이고, 결혼이란 부부가 함께 살면서 기쁨과 노여움, 슬픔과 즐거움을 모두 맛보는 긴 여정이다. 연애가 달콤한 사탕이라면 결혼은 입에는 쓰지만 몸에는 좋은 보약과 같으며 때로는 희생을 강요하기도 한다. 그렇기 때문에 '같이 즐기는 것' 과 '함께 살아간다는 것' 은 많은 차이가 있어 서로 모르는 남녀가 만나 마음의 문을 열가는 과정이 연애라고 할 때, 이것은 인생의 새로운 시작을 알림과 동시에 결과에 대한 책임을 묻는 선택의 과정이 된다. 물론 그 책임은 남자와 여자 모두에게 있다.

남자와 여자에게 연애란 어떤 의미로 해석될까. 와타나베 준이치는 지금 막 연애를 시작하는 연인들을 위해 '연애의 방식'에 대한 명확한 해답을 제시한다.

"사랑을 하고 싶다면 자존심을 버려야 한다. 그리고 조금은 경솔해질 필요가 있다. 실패한다고 해서 잃을 것이 없다는 심정으로 과감하게 다가서라. 그러면 진실된 자신의 모습을 보여줄 수 있고, 상대는 그런 태도에 더 감동받을 것이다."

남자가 자신의 속마음을 표현하지 않는다면 여자는 남자의 정렬적인 사랑을 느끼지 못한다. 누군가를 사랑한다면 망설이지 말고 돌진하라. 여자는 주위를 맴도는 남자보다 적극적으로 다가와 관심을 보이는 남자에게 강한 호감을 느낀다.

남자가 여자를 완벽하게 유혹하려면 다음 사항을 꼭 명심해야 한다.

첫째, 프로포즈도 때가 있다. 시간을 두고 꼼꼼하게 준비한 뒤 기회를 봐서 프로포즈를 해야 한다. 별다른 준비도 없이 성급하게 실행했다가는 영영 그녀에게 다가가지 못하는 상황을 초래할 수도 있다. 여자의 기분과 주변 상황을 꼼꼼하게 파악한 뒤 프로포즈를 해야 한다. 만일 프로포즈를 받을 여자가 마음의 여유가 없어 보일 때는 참고 기다려야 한다.

둘째, 여자의 취향이 무엇인지 잘 살펴라. 조용한 성격의 여자라면 분위기 있는 카페에서 속삭이는 게 좋을 것이고, 활동적인 여자라면 많은 사람들이 모여 있는 광장 앞에서 이벤트

형식으로 하면 좋고, 적극적인 여자라면 신나는 음악과 조명이 흔들리는 클럽에서 프로포즈를 하는 것도 한 방법이다. 중요한 건 그녀의 취향이 어떤가를 먼저 살펴야 한다.

셋째, 여자는 분위기에 약하다. 프로포즈를 함에 있어 가장 우선되어야 할 것은 분위기다. 그녀의 취향에 맞는 분위기에서 프로포즈를 해야 성공할 가능성이 높기 때문이다. 우선 그녀가 좋아하는 패션 스타일로 그녀가 좋아할 만한 장소에서 여유 있는 마음과 그윽한 눈빛으로 그녀를 바라보며 사랑이 가득 담긴 목소리로 사랑을 고백하라. 어두운 분위기가 여자의 마음을 흔들기에는 좋지만, 지나치게 어두운 분위기는 여자를 불안하게 만들 수 있다.

여자는 프로포즈에 대해 큰 의미를 둔다. 그렇다고 거창하게 꾸미거나 화려함만을 보여줄 필요는 없다. 그녀를 사랑하는 마음, 남자의 변하지 않는 진심이야말로 최고의 프로포즈인 것이다. 여자는 항상 로맨스를 꿈꾼다.

짝사랑이라면 좀더 강하게!

상대를 짝사랑하고 있다면 오히려 강하게 나가야 한다. 친구의 연애 경험담을 인용해도 좋다. 이를 통해 상대에게 연애상담을 요청하는 것도 좋은 방법이다. 그러면서 자연스럽게 자신의 감정을 표현하라. 머리가 썩 나쁘지 않은 상대라면 당신이 자신을 짝사랑하고 있다는 사실을 금세 알아챌 것이다. 무엇이든 적극적인 사람이 살아남는 법이다.

당신의 유혹 전략, 이 점이 잘못 되었다

남자는 여자를 만날 때 섹스의 수단으로 생각하는 경향이 강하다. 그러나 여자는 데이트 자체를 애정이라 생각하면서 즐긴다. 그러므로 남자는 여자를 세심하게 배려해야 한다.

남자가 여자를 유혹할 때 어느 부분이 잘못되었는지 꼼꼼히 살펴보기 바란다.

1. 나는 충분히 여자를 리드하고 있는가

여자는 자신의 의지력이 충만한 남자에게 애정을 느낀다. 의지력이란 곧 남자의 자신감을 이른다.

데이트를 즐기는 데 있어 그 결정을 여자에게 떠넘기지 마라. 영화를 볼 것인지, 커피를 마실 것인지 등에 관해 일일이 여자에게 결정권을 넘긴다면, 여자는 굉장히 불쾌해 한다. 그것은 남자의 매력을 상실하게 만드는 결정적 요인으로 작용한다. 자신이 결정하고 그에 대한 책임감을 다할 때 여자는 남자에게 강한 호감을 보인다. 여자는 남자가 리드해 주는 것을 좋아한다. 또 대부분의 여자는 남자가 이끄는 대로 따라가기 마련이다.

여자를 리드하기 위해서는 미리 차분하게 계획을 세워야 한다. 완벽한 계획만이 여자의 마음을 확실하게 사로잡을 수 있다. 데이트 코스는 물론 어떻게 유익한 시간을 보낼 것인가에 대해 사전에 계획을 세워놓는다면 둘만의 즐거운 데이트가 보장된다.

2. 나는 그녀의 변화에 민감한가

세심한 여자는 자상하고 꼼꼼한 남자를 좋아한다. 헤어스타일, 옷맵시, 화장 등에 관해 항상 주목하고 칭찬을 해 준다면 여자의 마음은 쉽게 열린다.

그러나 대부분의 남자들이 여자들의 변화를 인식하지 못하고, 좋게 평가해 주는 것에 상당히 인색하다. 여자가 남자에게 잘 보이고 싶어 뭔가 변화된 모습으로 서 있다면, 그것을 바라보고 아낌없이 칭찬해 주어야 한다. 남자가 여자의 변화에 무덤덤하면 여자들의 마음은 싸늘히 식어 버린다. 결국 둘 사이는 처음보다 더 멀어지게 되는 것이다.

여자는 항상 남자의 시선이 자신만을 위해 빛을 발하길 바란다. 항상 자신을 지켜보고 작은 관심이라도 표현한다면 여자의 자신감은 그만큼 넘쳐나게 된다. 여자의 자신감은 남자에 대한 믿음이다.

3. 나는 그녀에게 과시욕을 드러내지 않는가

여자는 있는 척 잘난 척하는 남자를 가장 혐오한다. 그러니 여자 앞에서 함부로 잘 난 체하거나 허풍을 떨지 말길 바란다. 서로가 공유할 수 있는 대화를 하면서 있는 그대로를 보여줘야 한다.

여자는 자신의 속마음을 드러내 주는 남자에게 호감을 느낀다. 그렇다고 심각한 이야기로 분위기를 깨뜨려서는 안 된다. 재미있는 소재로 즐거움을 전할 수 있어야 한다. 이때 저속한 표현은 금물이다.

그리고 여자는 유머감각이 뛰어난 남자보다 자신의 이야기를 관심 있게 들어주는 남자에게 매력을 느낀다. 그녀와 나눈 이야기는 둘만의 비밀로 부쳐라. 둘만이 공유할 수 있는 은밀한 비밀이 있을 때 남자와 여자는 친밀감을 높일 수 있다.

4. 나는 그녀의 단점에 주목하는가

사람은 누구나 단점이 있다. 그러나 그것을 직설적으로 지적해 주는 것을 좋아할 사람은 없다. 특히 여자는 자신의 단점을 문제 삼아 일일이 지적하는 남자를 좋아하지 않는다.

그녀의 단점이나 실수를 계속 지적하고 생각날 때마다 들추어낸다면 여자는 인격적으로 상처를 받게 된다. 단점을 지적할 때는 직설적인 표현보다 간접적으로 말을 돌려서 하는 게 여자에게 상처를 덜 주는 방법이다. 그리고 지난 일에 대해서는 절대 언급하지 말아야 한다. 쿨한 남자는 여자의 좋은 면만 보려고 노력한다.

5. 나는 그녀에게 애정표현을 확실하게 하는가

남자는 몸으로 느끼지만 여자는 마음으로 느낀다. 그녀를 사랑한다면 애정표현을 확실하게 해 주는 게 좋다. 확실한 의사표시를 하지 않으면 여자는 사랑의 감정을 느끼지 못한다.

애정표현과 호의는 완전히 다른 의미를 지닌다. 좋은 선물을 주고, 맛있는 음식을 사 주고, 집 앞에까지 데려다 주는 것은 호의에 지나지 않는다. 그렇게 해 주는 이유를 명확히 밝혀야 한다.

"이 목걸이를 하면 네가 사랑스러울 것 같고, 먹는 모습이 너무 아름다워서 이 음식을 사 주는 거고, 너랑 조금이라도 더 같이 있고 싶어서 집까지 데려다 주는 거야!"

"너를 사랑하기 때문에!"

이로써 여자는 남자의 애정을 확인한다. 애정표현이 지나치다고 해서 싫어할 여자는 없다. 그러니 사랑한다면 적극적인 관심을 보여라.

6. 나는 그녀에게 성급하게 섹스를 요구하지 않는가

여자는 마음의 준비가 되어야 남자와 육체적 접근을 시도한다. 손을 잡았다고 해서 바로 포옹이나 키스로 이어지는 것은 아니다. 여자는 남자에 대한 신뢰가 있을 때 비로소 입술을 허락한다. 데이트를 몇 번 했느냐보다 데이트 시간을 얼마나 가치 있게 보냈느냐에 따라 여자가 자신의 몸을 허락하는 정도의 차이가 있다.

어리석은 남자들은 키스 한번 하면 바로 모텔로 달려가려 한다. 성급하게 서두르려 하지 마라. 여자에게 있어 키스가 섹스의 전희가 아님을 명심해야 한다. 여자에게 키스란 둘만의 사랑을 확인하는 행위일 뿐이다.

그렇다면 여자는 아떠한가.

여자는 남자를 만날 때 자신감이 부족한 게 큰 문제다. 자신이 가진 조건이 그 어떤 여자보다 우월하다고 생각하라. 당신 스스로 자신을 사랑하지 않는다면 그 어느 누구도 당신에게 사랑을 바치지 않는다. 여자가 남자를 유혹할 때 어느 부분이 잘못되었는지 꼼꼼히 살펴보기 바란다.

1. 나는 그에게 개인적인 이야기를 많이 하지 않는가

남자를 만났을 때 첫 대화는 가볍게 시작하는 게 좋다. 개인적인 이야기를 많이 하다 보면 자칫 분위기가 무거워질 수 있다. 상대는 아직 결혼상대가 아님을 명심하라.

여자가 말이 많으면 남자는 이상한 느낌을 받는다. 따라서 자신의 가정사, 과거 힘들었던 일, 현재의 고민 등에 대해 깊이 밝히려 하지 말 것을 당부한다.

2. 나는 그에게 내 주장을 강요하지 않는가

남자에게 많은 것을 요구하지 말라. 남자는 여자들의 잔소리를 가장 싫어한다. 어느 정도 친밀한 사이가 되었다고 해서 남자의 단점에 대해 늘어놓아서는 안 된다. 특히 술과 담배에 관해서는 절대 지적하지 말아야 한다. 술과 담배가 몸에 해로운 것은 남자도 다 안다. 그런 어쩔 수 없는 경우를 꼬집어서 직설적으로 이야기를 한다면 남자들은 쉽게 질려버린다.

3. 나는 그와 만날 때 너무 치장하지 않는가

남자는 화려하고 야한 여자를 좋아한다. 하지만 내 여자가 그처럼 행동하는 것은 매우 싫어한다. ' 내 여자만은 절대 안 돼!' 이것은 시대가 변해도 변하지 않는 남자들의 속마음이다. 되도록 옷차림과 화장은 수수하게 하는 게 좋다. 맑은 피부에 가볍게 메이크업을 하고 깔끔한 옷을 입는 게 남자의 마음을 흔드는 데 훨씬 효과적이다.

4. 나는 그에게 너무 들이대지 않는가

여자가 지나치게 적극적이면 가벼운 여자로 오해받기 쉽다. 전화를 자주 한다거나, 스킨십을 유도한다거나, 둘만의 미래에 대해 이야기를 한다면 남자는 싫증을 느끼게 된다.

특히 남자에게 쉽게 몸을 허락해서는 안 된다. 대부분의 남자가 첫 데이트 코스로 모텔을 선호한다. 여자가 쉽게 몸을 허락한다면 당장은 호감을 사겠지만, 쉬운 여자로 인식되어 실망을 하게 된다. 여자를 대하는 남자의 이중성을 명심해야 한다.

5. 나는 그를 무조건 믿는가

"나는 당신을 영원히 사랑할 거야."

이 말은 '당장 너랑 섹스하고 싶어' 라는 의미로 받아들여도 무방하다. 여자는 사랑을 지키기 위해 섹스를 하지만, 남자는 섹스하기 위해 여자를 사랑한다. 그러니 남자의 사랑한다는 말을 그대로 받아들이지 마라.

특히 유부남의 달콤한 유혹에 빠지지 마라.

"일찍이 만났더라면 뜨겁게 사랑했을 텐데, 내 아내는 매력이 없다, 모든 걸 정리하고 너만 사랑하겠다, 내 아내보다 네가 내 마음을 더 잘 헤아려 주는 것 같다, 너를 만나 비로소 사랑을 알게 되었다."

모두 부질없는 거짓말이다. 한 가지만 명심하라. 남자의 목적은 '섹스'에 있다.

연인끼리 뜨겁게 즐기는 방법

섹스는 인간만이 누릴 수 있는 종합예술이다. 서로를 자극할수록 사랑의 농도는 짙어진다. 섹스의 참맛을 느끼기 위해서는 시각, 후각, 미각, 청각, 촉각 등의 모든 감각을 활용해야 한다.

1. 야한 속옷 차림이나 나체 사진을 찍어 보여준다.
2. 온 몸의 향기를 빨아들이도록 한다.
3. 옷을 벗을 때 은밀한 소리를 들려준다.
4. 혀끝으로 상대방의 몸 구석구석을 맛본다.
5. 민감한 부분을 은근히 자극하라.

이 중에서 가장 중요한 부분은 촉각이다. 긴장을 풀고 에로틱한 분위기를 만드는 데는 서로의 몸을 만져 주는 것이다. 목욕 중 엉덩이를 쓰다듬어 준다거나, 샤워기를 이용해 음부를 자극한다거나 하는 행위는 상대를 애태우게 만든다. 뜨겁게 타올랐을 때 마음껏 즐기는 것이다.

3장

밝히는 남자가 아니면 바라는 여자로 살래?

'단 한 사람'을 찾아서

남자와 여자의 밀고 당기는 게임만큼 즐거움과 흥분을 안겨 주는 일도 드물다. 그러나 남녀 관계에 있어 늘 행복만 존재하는 것은 아니다. 고통과 절망감도 동시에 안겨 주므로 우리는 늘 사실에 대한 치유와 위안의 힘이 필요하다. 그렇기에 문학, 영화, 드라마, 노래 가사에서조차 남녀 간의 사랑은 늘 주제로 등장한다.

왜 우리는 사랑을 갈구하는가. 섹스에 대한 욕망이 끊이지 않는 남자, 그리고 남자들의 달콤한 말과 거짓말에 사랑을 약속하는 여자들….

우리는 이성을 만남에 있어 이 사람이 내 인생의 '단 한 사람'이기를 간절히 원한다. 나와 한 평생을 같이 할 특별한 만남에 대해 늘 믿음을 갖고 산다. 그러나 그 믿음이 냉혹한 현실 앞에서 무릎을 꿇고 만다.

"검은 머리 파뿌리가 될 때까지 서로를 믿고 의지하며 죽는 그날까지 영원한 사랑을 지켜갈 것을 맹세합니까?" 결혼식을 올린 대부분의 부부들은 이와 같은 결혼서약에 '네' 라는 대답을 서슴없이 했을 것이다. 그러나 날이 갈수록 이혼율은 급증하고 있다. 이혼에 대한 이유도 참으로 다양해졌다.

1980년대 이전에는 배우자의 외도와 배우자 직계가족과의 갈등이 주요 원인으로 작용했다. 그러나 1990년대로 들어서며 이혼 사유가 다양화되었다. 폭언, 기물파손, 주벽, 도박, 의처증, 불성실한 생활, 배우자의 이혼 강요, 장기별거, 생활양식의 차이, 성적 갈등, 알코올 중독, 신체적 질병 등 사회적 전반에 걸친 다양한 이유들이 쏟아졌다. 이는 2000년에로 접어들며 큰 변화는 없었으나, 성격 차이, 경제 갈등, 가정폭력과 남편의 외도, 아내의 외도와 가출 등 이혼 사유의 변화가 커졌다. 이처럼 대부분의 사람들은 갈등의 이유를 상대방에게 돌린다. 이것은 사회의 변화와 함께 일반적인 현상이 되었다.

과거 인간의 행동은 학습에 의해 얼마든지 변형될 수 있다고 믿었다. 그러나 이제 인간의 모든 행동은 태어날 당시부터 우리 몸에 내재되어 있으므로 결코 쉽게 변형될 수 없다는 주장이 힘을 얻고 있다. 연구가들이 발견한 과학적 지식에 의하면 우리는 두뇌 속에 설계된 선천적인 근성에 의해 모든 행동이 결정된다는 것이다.

그러나 인간의 섹스와 사랑은 조금 다른 양상을 보인다.

우리는 섹스와 사랑에 대해 느끼고 즐기는 경험과 행동에 따라 극명한 차이를 보인다. 그러한 생각과 환상에 있어 '옳고 그르다, 좋고 나쁘다'를 명확히 구분할 수는 없다. 단지 사람에 따라 열망하는 욕구가 다를 뿐이다. 분명한 것은 여자도 남자 못지않게 섹스에 관심이 많다는 사실이다.

남자와 여자의 성적 욕구는 환경, 조건 등에 따라 상이한 방향으로 펼쳐진다. 섹스에 대한 의미도 서로 다르다. 우선 남자들에게 섹스란 삽입을 위한 것이며 욕망의 분출을 의미한다. 하지만 여자에게 있어 섹스란 '사랑을 나누는' 애정행위인 것이다. 사랑이 없이도 섹스가 가능한 남자와 달리 여자는 사랑의 감정을 앞세워 '단 한 사람'을 만나고 싶은 것이다.

남자의 마음을 사로잡는 향기의 기술

남자는 여자의 향기에 민감하다. 그의 코 끝에 닿는 여자의 향기는 최고의 유혹 아이템이다. 남자의 마음을 한순간에 사로잡고 싶다면 마음에 드는 향수를 골라 온 몸에 뿌린 후 좀더 과감하게 다가서라. 농도가 있는 스킨십도 좋다. 남자는 그 순간의 향기를 잊을 수 없을 것이다. 남자들은 한 번 맡은 향기는 기억하고 또 기억한다. 가까이 접근해야만 느낄 수 있는 유혹의 향기가 된다. 오늘 밤 유혹의 향기로 다가서면 남자의 가슴은 두근거린다.

두뇌 속 서로 다른 뇌 구조 들여다보기

남자와 여자라는 두 가지 성별은 생물학적에 의한 구분이다. 그렇기 때문에 둘 사이에는 근본적인 차이가 존재할 수밖에 없다. 남녀의 차이는 여러 가지 요인에서 비롯되지만, 우선 남녀는 뇌구조부터 다르다.

'바쁜 아침, 남자는 욕실 앞에서 붙어 서서 양치질을 한다. 반면 여자는 양치질을 하며 집안을 돌아다닌다. 물건을 정리하거나 전화를 받기도 한다.' 예로 든 것처럼 남자는 양치질을 하며 다른 일을 못한다. 그러나 여자는 양치질을 하며 다양한 일을 겸한다. 왜 그럴까. 어떠한 일을 할 때 남자의 뇌는 행동에 직접 관련이 있는 부위만 활동해 그것에만 집중하게 한다. 그러나 여자의 뇌는 직접 관련이 있는 부분만 아니라, 다른 부분까지 활동해 여러 가지 일을 동시에 처리할 수 있는 것이다.

뿐만 아니라 좌뇌와 우뇌를 연결해 주는 '뇌량(腦梁)'의 차이도 남녀 간에 있어 큰 차이를 보인다. 남자에 비해 여자가 12% 정도 큰 뇌량을 가지고 있다. 이에 따라 여자들이 남자에 비해 언어능력과 직관력이 더 뛰어난 것이다. 이는 대화로 스트레스를 해소하는 여자와 달리, 혼자서 고민을 해결하려는 남자의 성향으로도 알 수 있다.

남녀의 다른 뇌구조는 사랑과 섹스에 관한 행동에서도 많은 차이를 보인다. 이것은 태어나기 전부터 몸 안에 내재된 근본적인 관점이라 할 수 있다. 젊음, 외모 등의 시각적인 느낌에 쉽게 흥분하는 남자와 달리, 여자는 남자의 재산, 사회적 위치 등에 관한 욕망이 강하다.

성적 충동과 성욕은 전통사회와 크게 다르지 않다. 수십만 년이나 먼저 살다간 우리 조상들도 그러했다. 남녀평등의 가치를 추구하는 21세기에 이러한 발언이 세상 사람들에게 비난의 대상이 될 수도 있다.

그러나 우리는 서로 솔직해질 필요가 있다. 연인 및 부부 사이로 함께 생활을 했던 사람이라면 남녀의 극명한 차이에 공감을 할 것이다. 남녀가 서로 같은 방식으로 생각하고, 추구하는 바도 같으며, 욕망 또한 일치한다는 주장은 지극히 정치적인 발언이다. 즉, 권력에 목마른 정재계 인사들이 기반 세력을 구축하기 위해 내놓은 억지 주장일 뿐이다.

텍사스대학의 데이비드 버스는 섹스에 대한 남녀의 차이를 진화론적으로 설명했다. 국제적으로 명성을 얻은 바 있는 데이비드 버스는 심리학 교수로서 그의 연구팀과 함께 147개 문화권에서 남녀의 섹스와 사랑에 대한 결정적인 증거들을 조사한 바 있다. 데이비드 버스는 다음과 같이 밝히고 있다.

"고대 동굴벽화, 지식인들의 육필 원고, 시, 노래, 서적 등을 통해 섹스와 사랑에 대한 경험적인 진실들을 확인했다. 막상 사랑이 시작되면 대부분 사람들은 긍정적인 면만 보인다. 연인과 눈 맞추기, 두 손 맞잡기, 따뜻하고 포근한 스킨십 등 해피엔딩을 향해 열심히 노력한다.

그러나 사랑이 항상 달콤하지만은 않다. 우리는 전 인류 역사를 통해 사랑과 증오에 따른 자살과 살인의 증거도 찾아냈다. 잘못된 사랑의 결과물이 된 살인사건이 25%에 이른다. 남편 또는 아내, 연인, 동거인 등이 사랑의 실패로 인해 벌어진 일이다. '로미오와 줄리엣' 같은 사랑 이야기는 어느 나라에서나 공통적으로 내려오는 이야기다. 사랑에 대한 강한 충동이 때로는 복수의 감정을 안겨 주게 된다."

이처럼 사랑이라는 감정은 두뇌 속에서 벌어지는 모든 반응이 동시에 일어난다. 또 남녀 간의 사랑은 전 세계 어느 나라에서나 보편적으로 행해지는 인간관계인 것이다.

연구가들은 사랑에 빠진 남녀의 두뇌는 세 가지 시스템에 의해 진행된다는 것을 밝혀냈다. 그것은 순간적인 욕정, 로맨스, 지속적인 애정인 것이다. 완전히 다른 이 세 가지 감정에 의해 인간은 행동의 변화를 보인다. 특정 호르몬에 의한 활동적 지배를 받기 때문에 사람에 따른 사랑의 단계와 그에 따른 변화를 쉽게 관찰할 수 있다는 것이다.

욕정의 발달은 테스토스테론이나 에스트로겐 등의 성 호르몬의 분비와 함께 시작된다. 이들 호르몬이 분비되면 육체적 충족 욕구는 급속히 증가한다. 육체적 욕망이 꿈틀거리는 순간 도파민이라는 성분이 분비되어 테스토스테론 생산을 촉진한다. 이 때문에 성욕이 더 강화되는 것이다. 첫눈에 반한 사랑을 통해 '섹스를 하고 싶다'는 충동을 강하게 느끼는 것도 이 때문이다.

이에 대해 시카고대학은 연구결과를 통해 아주 흥미로운 사실을 밝힌 바 있다.

"남자가 낯선 여인과 대화를 할 때도 테스토스테론의 수치는 평소보다 30% 이상 증가했다. 이 호르몬의 수치가 높을수록 남자의 행동은 더욱 자극적으로 변한다. 그러나 이 테스토스테론의 수치는 미혼남에 비해 기혼남이 훨씬 낮은 결과를 나타냈다. 기혼남의 육아 및 가족 부양에 대한 책임감이 높기 때문이다. 반면에 성적 욕망의 분출구를 향해 끊임없이 주위를 두리번거리는 독신남의 경우 테스토스테론의 수치는 미혼남 못지않은 높은 수치를 보였다."

시카고대학 연구팀은 그 이유를 '진화'를 통해 설명한다. 인간의 성욕은 번식적인 욕구와 더불어 종족을 보존하려는 욕망 또한 높다. 시카고대학 연구팀은 인간의 '진화'에 대해 다음과 같이 설명한다.

"욕정의 진화로 인해 인간은 극한의 상황에서도 강력한 애욕의 힘을 갖는 것이다. 전쟁터의 그 불안한 상황에서 오히려 더 강력한 욕정을 느끼는 것도 이 때문이다. 번식과 종족 보존의 욕망이 불안한 시기에 남녀는 상대방의 구분 없이 서로 강한 욕정을 느끼는 것이다. 남녀 모두 생존의 위협을 받게 되면 종족 번식에 대한 욕구가 급격히 상승하는 것이다."

시카고대학 연구팀은 이것을 두고 인류의 번창을 위해 '진화된 행동'이라고 정의한다.
성욕을 담당하는 테스토스테론은 여자에 비해 남자에게 있어 10~20배 이상 많이 분비된다. 그렇기 때문에 남자의 육체적 욕망이 여자보다 강렬한 것이다. 그러나 '사랑의 묘약'이라는 옥시토신은 남자보다 여자에게 더 많이 분비된다. 이 옥시토신은 성욕이 충만할 때 남녀 모두에게 분비되지만, 남자의 발기 시 이 옥시토신은 사라진다. 그러나 여자는 다르다. 꾸준히 분비되어 섹스의 묘미를 즐긴다. 이 때문에 여자는 섹스 후 뜨겁게 안아 주면 또 다른 성적 감흥을 느낀다.
앨리언트 국제대학 조직심리학과 레베카 터너 교수는 연구 결과를 통해 이렇게 밝혔다.

"옥시토신은 남녀의 감정을 결합시키는 호르몬으로서 접착력이 강하다. 사랑의 농도에 따라 옥시토신의 수치가 높아지기 때문이다. 사랑에 빠졌을 때 분비되는 이 호르몬은 서로에게 따뜻하고 포근한 느낌을 전한다.

발기 시 옥시토신의 분비가 멈추는 남자와 달리 여자는 옥시토신의 분비가 꾸준히 증가하여 남자를 더욱 보듬으려는 욕구와 함께 더 깊은 사랑을 느끼고 싶어 한다. 이로 인해 여자는 자신이 사랑을 받고 있다는 감정을 감출 수가 없다."

남녀가 사랑에 빠져들면 남자의 테스토스테론의 분비가 줄어드는 반면, 옥시토신의 수치는 높아진다. 그러나 새로운 이성을 만난 후 여자의 테스토스테론의 수치는 오히려 높아진다. 이것은 여자의 흥분과 자신감으로 표현된다. 이러한 여자와 달리 옥시토신의 수치가 높아진 남자의 경우 매우 부드럽고 온유한 행동을 보인다. 또한 여자에게 매너 있고 되도록 멋진 모습을 보이려 한다.

이처럼 남녀가 처음 사랑에 빠졌을 때 분비되는 호르몬의 차이 때문에 '남녀의 성욕은 서로 같다' 라는 오해를 불러온다. 그러나 3~9개월의 시간이 흐르면 남녀의 성욕은 서서히 제자리를 찾아간다. 여자는 섹스보다 애정에 관심이 많아지고, 남자는 애정보다 섹스에 더 관심을 보인다. 이것을 두고 남녀 간의 '성격 차이' 라 규정짓고, 서로 다른 파트너를 찾아 두리번거리게 되는 것이다.

남녀가 연애를 시작하면 '사랑' 이라는 감정에 사로잡히게 된다. 이때 두뇌에서 분비되는 다양한 호르몬으로 인해 우리 몸에는 많은 신체적인 변화가 일어난다. 이를테면 가슴이 두근두근거린다든가, 자꾸만 말을 더듬게 된다든가, 손을 만지작거린다든가, 얼굴이 붉게 달아오른다든가, 입맛이 없다든가, 잠이 안 온다든가 하는 다양한 감정의 변화가 일기 시작한다. 이는 흥분과 함께 찾아오는 공포심의 표출이다. 사랑에 빠진 남녀는 이러한 감정을 동시에 느낀다. '무언가 양 어깨를 눌러 다리에 힘이 빠지는' 기분이 든다. 더 정확히 말하면 땅이 꺼지고 하늘이 무너지는 느낌일 것이다.

이처럼 사랑은 누구에게나 갑작스럽게 찾아온다. 그렇기 때문에 자신의 감정을 통제할 수가 없다. 이런 느낌으로 시와 소설이 탄생하고, 영화와 드라마, 그리고 음악과 춤이 탄생하는 것이다.

남자는 여자의 맨살에 약하다

여자의 손길이 닿으면 남자의 심장박동 수는 눈에 띄게 증가한다. 데이트할 때 남자들은 늘 여자의 손을 잡고 싶어 한다. 가벼운 신체접촉에 떨리는 관계라면 자연스럽게 스킨십을 유도하는 것도 좋다. 사람들이 많은 길거리에서 남자에게 몸을 기댄다든지, 벨트가 고장났다고 말하며 남자의 손길을 유도하는 등의 신체적 접촉은 남자의 심장을 두근거리게 한다. 특히 허리는 성적 매력이나 성행위 자체를 연상케 하는 신체부위이므로 만지는 순간 남자의 다리는 맥없이 풀린다.

남자의 뇌에는 여자의 매력을 평가하는 기준이 있다

알고 있는가? 남자가 매력적인 여자의 사진을 보는 순간 두뇌의 두 부위가 환해진다는 사실을! 이때 이성적 판단을 주관하는 뇌 부위는 지나치게 위축된다.

실험을 통해 확인한 결과 남자에게 매력적인 여자의 사진을 보여주자 남자의 뇌는 놀라운 변화를 보였다. 하나의 뇌는 시각적인 자극과 함께 사진 속 여자의 신체 부위를 따라 시선의 움직임이 포착되었다. 다른 뇌는 성욕을 자극해 성기를 발기시켜 당장이라도 섹스를 할 수 있도록 지시한다.

지나가는 여자를 위아래로 훑어보고, 벗은 모습을 상상하며, 포르노를 즐기는 남자의 성향을 생각할 때 그리 놀라운 일은 아니다. 이 모든 게 남자가 시각적 성향이 강해서 벌어지는 일인 것이다.

남자의 뇌와 섹스에 관한 심리를 탐구한 연구가들은 이렇게 밝히고 있다.

남자의 지나친 시각적 성향은 두뇌 속에 깊이 박혀 인류의 역사와 함께 진화했다. 남자가 여자를 바라볼 때 자신의 욕구를 충족시켜 줄 수 있는 여자인지 먼저 판단한다. 남자의 욕구라는 것은 일차적인 섹스와 2차적인 종족 번식을 의미한다.

그러므로 남자는 젊고 건강한 여자에게 쉽게 흥분을 한다. 그러면서 참을 수 없는 성욕이 들끓기 시작한다.

남자가 여자보다 쉽게 사랑에 빠지는 이유도 이 때문이다. 남자는 시각적으로 느끼는 것을 바로 두뇌로 보내 성 호르몬의 분비를 촉진시킨다. '첫눈에 반한다'는 말은 여자보다 남자에게 해당되는 말이다. 남자는 첫눈에 반한 매력적인 여자에게 즉각적인 성욕을 보인다. 여자를 바라보며 섹스에 대한 환상을 갖는 것만으로도 금세 발기된다. 이때 남자에게 도덕적 관념이란 존재하지 않는다. 일단 저 여자를 소유하고 싶은 동물적인 본능만이 꿈틀거릴 뿐이다.

이러한 현상은 발기력이 두뇌의 판단을 제압해 일어나는 본능적인 현상으로써 남자를 겪어 본 여자라면 충분히 이해할 수 있는 부분이다.

이를 두고 로빈 윌리엄스는 이렇게 말했다.

"신께서 남자에게 주신 것은 강한 힘을 가진 성기와 오직 한 가지만을 떠올리게 하는 두뇌 하나뿐이다."

세 살짜리 남자 아이도 목욕 중 자신의 성기를 바라보며 만족스러운 미소를 짓는다. 남자의 섹스에 대한 유별난 집착은 어쩌면 신께서 내려주신 아름다운 선물인지도 모른다.

내 남자와 더 깊은 사랑에 빠지기

남자가 적극적이지 못하면 좀처럼 러브 모드는 만들어지지 않는다. 기다려도 아무런 행동도 보이지 않는 그 남자. 때로는 여자의 적극적인 마인드가 남자를 황홀하게 한다. 사람들이 많은 길거리에서 남자의 손을 잡고 입술을 쭈욱~ 내민다면 잠시 멈칫하던 남자도 여자의 유혹에 빠지고 만다. 여자가 원하는 대로 안해 주면 왠지 그녀를 놓쳐버릴 것만 같은 느낌~ 여자가 먼저 제안하는 스킨십… 남자도 은근히 즐긴다.

여자의 뇌에도 남자의 매력을 평가하는 기준이 있다

여자의 두뇌 활동은 남자와 명백히 다르다. 남자를 판단하는 여자의 두뇌는 기억력을 관장하는 부위가 활발하게 움직인다. 이것은 남자의 행동 하나하나에 집중해 세부적인 부분까지 모두 담아 두려는 전략에 기인한다.

이것을 진화적 관점에서 살펴보면 전통사회의 일률적인 여성의 삶에서 그 의미를 찾아볼 수 있다. 예나 지금이나 여자는 아이를 키워 성인이 되기까지 양육에 대한 모든 것을 책임진다. 다른 포유류에 비해 인간이 지니는 엄마의 책임은 복잡하면서도 힘에 부치는 엄청난 일이다. 여자가 아이를 키우고 지키는 데는 재원과 힘이 필요하다. 선사시대의 역사에 나와 있듯 여자는 남편이 죽으면 자신과 아이들을 보호해 줄 또 다른 사람을 찾는다. 이것은 동물적인 본능만으로 여자를 찾는 남자와는 염연히 다른 것이다.

이 남자가 나와 가족을 위해 먹을 것을 구해 올 사람인지, 짐승들로부터 내 가족을 지켜 줄 힘을 갖추고 있는 남자인지 판단한다. 현대의 여성들도 우리 조상들의 이러한 평가 기준으로 남자를 고른다. 지켜보고 또 지켜보고 판단을 하기 위해서는 세심한 부분까지 기억을 해 둬야 한다. 그래서 여자들의 기억력이 남자들보다 뛰어난 것이다.

남자가 약속을 잘 지키는지, 아이에게 다정하게 대할지, 직장에서 위치는 어느 정도인지, 그동안 모아 놓은 재산은 얼마나 되는지 등을 모두 기억하려고 한다.

여자는 이 모든 데이터를 이용해 남자의 매력을 평가한다. 특히 남자의 얼굴을 바라보며 예전에 만났던 남자를 떠올린다. 그 남자가 그리워서가 절대 아니다. 서로를 비교하며 성격과 가능성을 판단한다.

이처럼 여자의 두뇌는 지난날의 특징까지 기억해 지금의 남자와 비교한다. 그렇다고 모든 판단이 정확하게 맞아떨어지는 것은 아니다. 나름대로 자신의 데이터를 활용해 심리적 안정을 찾으려 하는 것이다. 즉, 지금 만나고 있는 남자에 대한 믿음을 확고하게 하기 위해서다.

이처럼 여자가 남자를 세밀하게 관찰하는 동안 남자는 강렬한 눈빛으로 여자의 육체를 탐하며 성적 욕망을 끌어올린다.

맞다. 남자들은 모두 짐승이다.

사랑과 섹스, 느낌이 다르다

남자는 섹스를 위해 사랑을 하고, 여자는 사랑을 위해 섹스를 한다. 섹스가 남자들만의 전유물이라는 말은 아니다. 또 여자들이 섹스를 싫어한다는 것은 더더욱 아니다. 남녀가 똑같은 인간임에도 불구하고 섹스와 사랑에 대해 느끼는 감정이 다를 뿐이다. 섹스는 남녀가 하나 되기까지 모든 것을 보여주고 느끼게 한다. 그러므로 서로의 욕망을 채우는 섹스가 아닌, 서로 즐기며 만족할 수 있는 섹스가 필요한 것이다. 섹스에 대한 두뇌 구조! 서로 다름을 인정할 때 섹스에 대한 만족감은 더욱 커진다.

두뇌 속의 섹스 어필과 표현은 다르다

"사랑에 미친 듯 빠져 있다."

이들이 생각하는 사랑은 섹스인가, 로맨스인가. 남녀가 사랑에 빠졌을 때 느끼게 되는 생리적 원인을 밝히는 연구가 지속되고 있다.

뉴욕에 있는 엘버트 아인슈타인 의대 신경과학 교수인 루시 브라운과 생물인류학자인 헬렌 피셔 교수는 '열정적인 사랑'에 빠져있는 남녀를 대상으로 흥미로운 실험을 했다.

MRI 두뇌 스캐닝을 연구하는 데 있어 정렬적인 사랑에 심취해 있는 17명의 남녀를 선발했다. 물론 여기서 사랑이란 순전히 참가자 자신들의 인정 사항이다. 분명한 것은 이들 모두 사랑에 빠진 지 얼마 되지 않는다는 사실이다. 본 실험을 통해 강렬한 사랑의 감정과 이별에 따른 극심한 고통에 대해 생리적인 관점에서 분석했다.

두뇌의 미상핵(尾狀核)과 복부외피를 통해 열정, 기억력, 감정 등을 연구한 결과, 복부외피에서 왕성한 펌프작용으로 도파민 세포가 두뇌의 다른 부위로 전달된다는 것을 발견했다. MRI를 통해 본 피검사자의 두뇌는 연인의 사진을 마주하는 순간 이 부위가 갑자기 훤해졌다. 이러한 MRI, 데이터를 통해 여성의 사진을 보고 성욕이 생겨 심지어 발기하는 남자를 연구한 자료를 토대로 연구를 지속했다.

그 결과 사랑에 빠진 사람의 두뇌는 복부외피에서 분비되는 다량의 도파민으로 인해 미상액이 잠김을 알 수 있었다. 이럴수록 미상액은 더욱 많은 양의 도파민을 요구하게 된다. 피실험자들을 지켜본 결과 도파민의 분비량이 많을수록 흥분의 도가니에 빠지게 된다. 그러면서 행복감도 더 느끼게 되는 것을 알 수 있다.

이를 두고 브라운과 피셔 교수는 이렇게 말한다.

"이것은 마약중독과 흡사하다. 이런 호르몬의 영향으로 사랑에 '미친다'는 말이 나온 것이다."

두 교수는 미상액의 변화에 따라 사랑의 감정 또한 걷잡을 수 없이 달라진다는 사실을 밝혀냈다. 뿐만 아니라 두뇌의 복부내피와 외피를 통해 사랑의 지속 여부가 결정된다는 것도 발견했다. 또한 두뇌의 왼쪽 부분이 성욕과 흥분도를 관장한다는 것도 알아냈다.

이를 통해 우리는 인간의 감정 변화는 물론 섹스와 사랑의 신비로운 본질을 객관적으로 인식할 수 있는 계기가 되었다.

지금 이 순간 당신의 두뇌가 사랑의 달콤함에 젖어 있다면 당신은 분명 '섹스 중독자'인 것이다.

자위를 해 봐야 오르가즘을 제대로 느낀다

여자가 자위를 통해 흥분하는 법을 알아야 섹스에서도 만족감을 얻을 수 있다.
다음 방법을 통해 자위를 익히고 마음껏 즐겨라.
1. 양 다리를 벌리고 손으로 허리나 가슴을 부드럽게 어루만진다.
2. 가슴을 만질 때는 원을 그리듯 어루만지다가 폭을 좁혔다 넓혔다를 반복한다.
3. 한 손으로 가슴을 만지고, 다른 손은 질 입구를 자극한다.
4. 부드럽게 클리토리스를 자극한다.
5. 질 속에 손을 넣고 양다리에 힘을 주고 꽉 조여 준다.

미디어에서 말하는 유혹은 허구다

"나랑 왜 섹스를 하고 싶은데?"

여자가 남자에게 흔히 하는 질문이다. 왜 남자는 섹스에 목말라 하는가. 남자는 여자를 유혹하기 위해 많은 돈과 시간을 투자한다. 연애를 해본 남자라면 다 안다. 내 여자로 만들기 위해 멋진 데이트를 계획하고, 맛있는 식사를 하고, 백화점에 들러 값비싼 선물을 안겨 주고, 그녀의 집까지 바라다 주고, 집에 돌아와 새벽녘까지 전화 통화를 하고, 아침이면 밤새 잘 잤는지 안부를 묻고…. 이 모든 행위가 돈과 시간으로 연결된다.

도대체 이런 힘든 과정을 겪으려 하는 이유가 뭘까? 해답은 간단하다. 바로 자신의 유전자를 지키려 하는 것이다. 이러한 섹스는 인류 역사상 오랜 본능이지만, 때론 다른 목적을 위해 행해지기도 한다. 이를테면 섹스를 통해 부와 명예를 얻거나 친밀감을 형성하기도 한다.

세월의 변화와 함께 섹스에 대한 인식도 바뀌었다. 나이 40이면 중년으로 간주되던 시대가 있었다. 또 60이면 경로당의 문전을 기웃거리는 노인으로 여겼다. 그러나 시대가 변해 이러한 고정관념은 말끔히 사라졌다.

현대사회에서 나이 40이면 인생의 새로운 전환점을 맞이한다. 그동안의 살아온 길을 되돌아보고 남은 인생을 희망차게 다시 설계한다. 또 나이 60이면 청춘이다. 이 시기에는 젊은 시절 열심히 노력한 것에 대한 보답을 받는 시기다. 등산을 가고, 골프를 치고, 낚시를 하는 등 진정한 인생 탐구의 시기라고 할 수 있다.

여성들의 삶도 마찬가지다. 안정적인 삶을 추구하는 전형적인 가정주부의 면모를 탈피했다. 늘 손에 쥐고 있는 주방용품 대신 바이브레이터를 이용해 여성들도 자위를 즐기는 시대가 되었다. 지극히 따분하고 평범한 일상을 탈출해 사랑을 하며 성욕을 느끼고, 성적 흥분상태에 휩싸인다.

현대 여성은 갱년기가 되었다고 해서 여자의 인생이 끝났다고 생각하지 않는다. '여자 나이 90이 되어도 누가 예쁘다고 하면 기분 좋다'는 말이 있듯, 여자는 자신의 외모를 항상 꾸미고 가꾼다. 각종 모임을 통해 문화적 흐름도 신속하게 받아들인다. 중년을 넘어 갱년기가 되어도 정서적으로나 신체적으로 20~30대 여성 못지않은 욕구를 충족하며 살아간다. 이들은 노화를 거부한다.

영국, 미국, 캐나다, 호주, 뉴질랜드, 독일, 네덜란드, 스페인 등 서구 여러 나라는 통계청과 국민보건청 자료(2008년 통계자료)를 통해 남녀관계의 변화에 대해 수치를 내놓았다.

- 최근 평균적인 결혼 시기는 남자 나이 34세, 여자 나이 32세다.

- 첫 아이의 출산은 평균 30세다. 출산 고령화로 인해 임신 가능성이 낮아져 6명 중 1명은 인공수정을 통해 임신을 한다.
- 이혼하는 평균 연령은 남자 나이 44세, 여자 나이 42세로 높아졌다.
- 10명 중 4명은 혼외정사를 통해 임신을 한다.
- 성격 차이로 각 방을 쓰는 부부가 10쌍 중 8쌍을 차지한다.

이처럼 시대가 변하며 결혼, 임신, 출산, 이혼 등에도 많은 변화가 일어났다는 것을 알 수 있다. 그러면서 사랑에 관한 여러 가지 유형들도 등장했다. 거대하고 신비로운 '사랑'이라는 의미에 대해 다양한 반응과 행동의 변화를 엿볼 수 있다.

"너만을 사랑해", "너를 사랑해", "너도 사랑해", "너마저 사랑해."

똑같이 사랑한다는 말이다. 이 문장 중에 사랑에 빠진 남녀는 어떤 사랑의 외침을 더 좋아할까. '사랑'이라는 단어 하나에 놓인 의미는 정말 크고 다양하다. 모든 감정을 하나의 단어에 모두 담을 수 있으니 대단하기도 하다.

그 폭넓은 감정을 표현하는 데 있어 '사랑'이라는 단 하나의 단어는 확실한 의미 전달 수단이 될 수 없다.

사회학자 존 리는 그의 저서 '사랑의 색깔'을 통해 사랑의 유형을 6가지로 분류했다.

1. 스토르게 사랑 : 우애적, 동료적 사랑

세월의 흐름과 함께 서서히 무르익는 좋은 친구 같은 사랑이다. 오랜 만남을 통해 서로가 편안함을 느끼고 많은 부분을 공유한다.

2. 에로스 사랑 : 육체적, 낭만적 사랑

아름다운 사랑, 또는 성적인 사람을 의미한다. 연인들은 첫눈에 반하거나 성적인 친밀감에 대한 강한 욕구가 생긴다. 그러므로 감정 또한 매우 강렬하다. 이들은 사랑하는 사람과의 섹스를 통해 쉽게 이끌리며, 사랑하는 사람에 대한 모든 것을 탐하려 한다.

3. 루두스 사랑 : 오락적, 유희적 사랑

놀이사랑, 또는 게임 사랑을 의미한다. 즉, 장난기 섞인 심심풀이 사랑이라는 뜻이다. 비교적 많은 상대와 만나 사랑을 하지만 장기적으로 볼 때 애착을 느끼지는 않는다. 또 상대방이 자신에게 몰입하는 것을 부담스러워 한다. 루두스 사랑은 결혼과 관련짓지 않고, 단지 서로 즐거움만을 추구한다. 자신의 만족과 성취감에 치중한다.

4. 매니아 사랑 : 소유적 사랑(에로스+루두스)

강박관념에 사로잡힌 열광적인 사랑을 의미한다. 이들은 사랑하는 사람의 관심과 사랑을 탐욕스럽게 요구한다. 그렇기 때문에 강한 질투심으로 인해 갈등은 물론 이혼과 살인을 부르기도 한다. 질투의 감정은 자신이 사랑하는 사람을 잃었다는 절망감에서 비롯된다. 이러한 고통으로 인해 상대방에게 더욱 집착하고 의지하게 된다. 자신이 좋아하는 연예인을 미친 듯이 쫓아다니는 '사생팬'이 이 유형에 속한다.

5. 프래그마 사랑 : 실용적인 사랑(루두스+스토르게)

논리정연하며 실용적으로 사랑을 추구한다. 이들은 현실적인 접근방법을 통해 자신과 잘 어울릴 것 같은 배우자를 찾는다. 이성을 선택할 때 성격, 배경, 지위, 감성 등에 치중한다. 이들은 강한 느낌으로 사랑에 빠지지만, 상대에 대한 정확한 파악이 없이는 헌신이나 미래를 약속하지 않는다.

6. 아가페 사랑 : 이타적 사랑(에로스+스토르게)

자기희생적 사랑으로 자신보다 상대를 더 많이 사랑한다. 성취감이 높은 차원이 다른 사랑으로 아가페의 속성을 지닌다.

사랑하는 사람에게 절대 무언가를 요구하지 않으며, 자신의 행복보다 상대방의 행복을 더 중요시 여긴다. 끊임없이 상대를 배려하는 사랑으로 무조건적으로 베풀기만 한다. 인간에 대한 신의 사랑, 그리고 자식에 대한 부모의 헌신적인 사랑이 이 유형에 속한다.

이외에도 대표적인 사랑의 유형으로 꼽히는 '플라토닉 사랑'이 있다. 가끔씩 영화나 드라마에서 멜로 소재로 등장한다. 플라토닉 사랑은 지극히 이상주의적이며, 관념론적인 사랑이다. 즉, 순수한 정신적인 사랑만을 추구한다.

이러한 기준을 놓고 볼 때, 여자가 "널 사랑해"라고 하면 그 말을 듣는 남자는 과연 어떤 생각을 하게 될까. 그동안 관계도 좋았고, 섹스도 만족스러웠고, 같이 있는 시간이 소중했다는 지난 시간에 대한 모든 것이 파노라마처럼 복잡하게 스쳐 지나갈 것이다. 그러면서 '내가 뭐 부족한 것은 없었을까' 하고 머릿속은 매우 혼란스러워진다. 이와 반대로 결혼, 책임, 권태기, 이별 등 불안한 생각이 들기도 한다.

그러나 여자의 사랑 고백에는 안정된 가정과 아이들, 그리고 한 남자의 포근한 사랑에 대한 열망이 가득하다. 이것을 아는 순간 남자들은 두렵기만 하다.

그렇다면 영화나 드라마에서 보여주는 남녀 간의 사랑은 어떤 모습일까?

흔히 배우는 거짓말을 잘한다고 알고 있다. 배우는 영화나 드라마에서 자신의 캐릭터를 관객 및 시청자에게 설득력 있게 보여줘야 하는 의무가 있다. 이러한 배우가 유명세를 타고 각종 영화제나 연말에 연기대상에서 상을 받는다. 따라서 영화와 드라마에서 보여주는 이미지와 로맨스는 실제 생활과 동떨어진 거짓의 세계라는 것이다. 이 사실을 모르는 사람은 없다. 그런데 실제 생활에서 왜 이들의 대화와 행동을 따라하며 분노를 느끼는 것인가.

배우들의 특별한 이미지는 스크린을 통해 보여주기 위한 특별한 장치에 불과하다. 평범한 사람들이 갈망할 수 없는 환상의 세계인 것이다. 이 사실을 알면서도 인간의 뇌는 인공적인 이미지를 자꾸만 주입시킨다.

여자는 여신급의 배우들과 경쟁하며 아름다운 외모와 멋진 로맨스를 꿈꾼다. 이로 인해 남자는 더욱더 멋지고 자극적인 프로포즈를 위해 많은 돈과 시간을 투자해야 한다. 여기에는 은근히 바라는 여자의 마음이 숨어 있다. 사람들이 많이 모인 광장에서, 어둠을 밝힐 수십 개의 촛불을 켜 놓고, 백만 송이 장미를 힘겹게 끌어안고, 목청 높여 사랑하는 여자의 이름을 외쳐 가며 프로포즈를 하는 남자들이 정말 있을까?

그러나 여자들은 이것을 원한다. 최고급 레스토랑의 오케스트라 연주에 맞추어 수억 원에 이르는 다이아를 선물하며 자신만을 위해 영원한 사랑을 맹세하는 남자…. 배우들의 이미지와 헛된 경쟁을 하며 사랑하는 남자를 곤혹스럽게 한다.

21세기에 접어들며 미디어는 이처럼 황당하고 어처구니없는 상황을 만들고 있다. 우리는 그 '바보 상자(텔레비전)' 를 통해 비현실적인 이미지를 주입당하고 있다. 이것이 진정 현대인들이 원하는 이상적인 삶인가.

많은 여자들이 장동건, 원빈, 소지섭, 현빈 같은 멋진 남자를 꿈꾼다. 그러면서 자신이 충분한 자격이 있다는 착각 속에 빠져 산다. 정작 그녀의 곁에는 평범한 회사원 남편이 존재한다.

연애 초기에는 모든 남자가 여자의 기대감을 충족시켜 주겠노라고 맹세를 한다. 여자는 이러한 환상적인 기대 속에 결혼을 한다. 그러나 현실과 환상은 애초부터 길이 다르다. 그렇기에 여자들은 영화나 드라마 속 남자 주인공을 바라보며 또다시 환상 속에 빠져드는 것이다.

여자가 무엇을 원하는지를 정확히 판단하고 있는 남자 주인공은 미리 계획한 대로 여자를 만족시켜 준다. 여자는 환상 속에 빠지다 못해 이윽고 남편이 지극히 평범하다는 사실을 인지한다. 그리고 남편에게 환멸을 느낀다. 이와 같은 비현실적인 기대감은 때론 가정의 파탄을 불러오기도 한다.

아침부터 밤까지 여자는 수많은 드라마를 접하게 된다. 인공적 이미지에 길들여진 바보 같은 삶을 살고 있는 것이다. 언제나 새로운 남자를 바라보며 '저 남자가 내 남자였으면' 하고 환상 속에 살아간다.

드라마 속 남자의 얼굴은 조각의 예술이며, 몸은 근육질이고, 패션 감각도 세련되어 보인다. 그러면서 자상한 성격의 소유자로 세심하게 여자의 마음을 잘 헤아린다.

여자의 환상은 여성잡지에서 더 확연히 드러난다. 여자는 잡지를 통해 이러한 남자의 얼굴을 가까이서 매만지고 가슴에 품는다. 이처럼 부드러운 카리스마의 소유자를 만나지 못한 아쉬움으로 불평을 토로한다. 허황된 로맨스는 결국 불행을 가져온다는 사실을 여자들은 알고 있는가. 이런 여자들은 비록 현실에서 행복을 느끼지는 못하지만 섹스를 할 때 더 뜨겁게 오르가즘을 느낀다는 연구 결과도 있다.

남자들에 대한 여자들의 과장된 기대는 전통사회에서는 상상조차 하지 못한 일이다. 불과 40~50년 전만 해도 남편과 자식이 없는 여자는 사회적으로 인정을 받지 못했다. 심지어 남편이 있어야 대출도 가능했던 것이다. 그러나 이제는 여자 혼자서도 모든 것을 해결할 수 있는 시대가 되었다. 그러면서 여자는 남자에게 자신이 원하는 것을 자유롭게 이야기한다.

그러면서 남자는 여자의 새로운 요구에 끊임없이 대응을 한다. '여자 입장에서 생각하고 행동'을 하며, '여자의 불필요한 대화에 반응'을 해줘야 하며, '무조건 덮어 주고 위로'를 해줘야 한다. 이것은 역사적인 관점에서 남자의 두뇌를 분석해 볼 때 지금까지 찾아볼 수 없었던 새로운 프로그램인 것이다. 이 프로그램에 적응하지 못하는 남자들은 당황스럽고 혼란스럽다. 21세기는 이처럼 남자에게 너무나도 가혹한 형벌을 내리고 있다.

이처럼 영화나 드라마 등으로 인해 남자에게 바라는 여자의 기대치는 점차 상승하고 있다. 여기에 부응하지 못하는 남자들은 아예 여자 만나길 포기하고 산다.

'아침 드라마를 보며 함께 눈물을 흘려 주는 남자', '직장에서는 돈과 명예를 모두 움켜쥐는 능력 있는 남자', '집에 돌아와서는 설거지를 비롯해 집안일을 도와주는 자상한 남자', '침대에서 완벽한 섹스로 여자의 뜨거운 욕망에 불을 지펴 주는 남자', '아이의 교육에도 적극적인 지식을 갖춘 남자' 등 이러한 완벽한 남자여야 여자들은 비로소 만족을 한다.

그러나 여자들은 명심해야 한다. 이러한 완벽남은 당신에게서 여자다운 매력을 못 느낀다. 그리고 착각하지 마라. 이런 남자는 이미 '사랑하는 여자'가 있다.

"남자는 인생에서 딱 세 번만 울어야 한다. 한 번은 태어날 때, 또 한 번은 부모님이 돌아가셨을 때, 마지막 한 번은 나라가 망했을 때다." 이러한 가르침으로 성장한 이 시대의 남자들은 여자의 환상과 기대감 앞에 무릎을 꿇고 있다. 그렇지 않으면 남자 취급을 받지 못한다.

이렇게 된 이유는 지금의 교육 현장에서 찾아볼 수 있다. 교육의 기본인 인성을 가르치는 초등학교 교사의 대부분이 여성이다. 여교사들은 남자 아이들이 장난을 치거나 뛰어다니면 바로 혼을 낸다. 자신의 의견을 말할 때도 조용하게 하고, 놀 때도 얌전하게 놀라고 한다. 이것은 가만히 앉아 친구들과 조용조용 수다나 떨라는 이야기로밖에 안 들린다.

이미 초등학생 남자의 두뇌는 운동, 장난, 싸움, 말썽 등의 세포들이 자리를 잡았다. 남자 아이들은 신체적 활동을 즐기고 싶어 하는 왕성한 혈기를 해결할 길이 없다. 환경에 억눌려 남자의 본질을 포기해야만 하는 비극적인 현실이다. 형벌치고는 너무나 가혹하다.

완벽남을 유혹하는 5가지 방법

여자가 완벽한 남자를 소유하기 위해 꼭 지켜야 할 가치 있는 행동을 소개한다.

첫째, 외모에 신경을 써서 자신을 돋보이게 하라. 남자는 여자의 외모에 많은 관심을 보인다. 외모를 가꾸어 자신의 젊음과 섹시한 매력을 강하게 어필해야 한다.

둘째, 정절을 중요하게 여겨라. 아무리 세상이 변했다 해도 자신의 여자가 다른 남자와 섹스를 한 경험이 있다는 것을 좋아하는 남자는 없다. 자칫하면 '아무 남자와 섹스를 하는 문란한 여자'로 오해받기 쉽다. 게다가 임신 가능성 여부까지 의심받게 된다. 섹스 경험이 있는 여자라면 이를 끝까지 밝히지 말아야 한다.

셋째, 자신의 가치를 비싸게 알려라. 남자들은 수줍어하거나 부끄러움을 많이 타는 여자에게 더 끌린다. 이는 자신의 가치를 높이면서, 남자로 하여금 정절을 지킬 수 있다. 또 강한 부성애를 확보할 수 있다.

넷째, 신체적 노출을 가급적 적게 하라. 여자가 지나치게 신체를 노출하면 남자는 가벼운 여자로 생각해 단순한 '섹스 파트너'로밖에 생각하지 않는다.

다섯째, 멍청하게 순종하지 마라. 순종적인 여자는 남자를 쉽게 끌어당길 수는 있지만, 매력이 없어 보여 장기적인 관계는 유지하기 힘들다. 자칫 '캐주얼 섹스' 상대로 전락할 수 있다.

4장

절정에 이르게 하는 유혹법이 있다고?

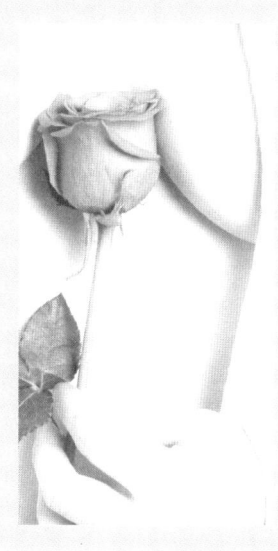

머리가 좋다고 유혹을 잘할까

인간은 살아가면서 끊임없이 누군가를 유혹하고 싶어 한다. 그러면서 상대를 내 사람으로 만들고 싶다는 욕망이 치솟는다. 유혹에도 기술이 있어 마음에 드는 이성을 내 사람으로 만들 수 있다면 얼마나 행복할까. 생각만 해도 가슴 벅찬 일이다.

그러나 남자와 여자는 서로 생각하는 방식이 다르다. 말과 행동에서도 큰 차이를 보인다. 아무리 머리가 좋아도 남녀 간의 차이를 간과하면 큰 혼란을 겪게 된다.

남자들은 친구를 만나면 자신의 연애담에 대해 상담을 받고 싶어 한다. 또 그 친구는 얘기를 들으면서 무언가 조언을 주고 싶어 한다. '바보야, 그건 여자가 오늘 밤 너와 같이 있고 싶다는 거야. 그걸 왜 몰라', 하며 시끌벅적하게 자신의 연애담을 늘어놓기 시작한다. 이처럼 남자는 경험을 이야기하며 혼자만의 착각에 빠지고 만다. 남자들은 경험으로 판단하지만, 여자들은 본능적인 직감으로 판단한다는 사실을 알아야 한다.

머리가 좋은 남자가 여자를 잘 유혹하는 것은 아니다. 남자는 여자가 보내는 신호에 민감해야 한다. 섹스에 대한 신호! 여자는 남자처럼 직접 대놓고 말하지 못한다. 단지 은밀한 신호를 보낼 뿐이다.

여자가 남자에게 몸을 허락한다는 것은 오랜 생각 끝에 내린 신중한 결정이다. 특히 그동안 여자로서의 순결을 고수해 왔다면 더욱 그러하다. 여자에게 있어 섹스란 자신의 인생을 결정짓는 아주 특별한 행위인 것이기 때문이다.

그렇기 때문에 사랑하는 사람 앞에서 섣불리 섹스에 대한 욕구를 직접적으로 표현하지 못하는 것이다. 교육을 통해 '여자의 몸은 함부로 다루어서는 안 된다' 는 것을 배우고 익혔기 때문이다. 또한 '여자는 비싸게 굴어야 한다' 는 관념이 강한 이유이기도 하다. 여자는 자신이 헤픈 여자로 보이는 것을 매우 싫어한다. 그래서 은밀한 신호로 섹스에 대한 욕구를 표출하는 것이다.

본능에 지극히 충실한 남자들이 이 오묘한 여자의 심리를 얼마나 알고 있을까? 남자는 여자들만의 은밀한 언어를 모르고 또 관심이 없다. 그렇기 때문에 여자가 신호를 보내도 쉽게 알아채지 못하는 것이다.

성공적인 데이트를 위해서 치밀한 계획이 필요하다. 대다수 남자들이 데이트 코스를 정할 때 놀이공원, 레스토랑, 커피숍, 술집, 노래방 등을 선호한다. 이때 데이트의 흐름을 잘 잡아야 한다. 순조롭게 데이트가 만족스러우면 그 다음은 자연스럽게 여자에게 다가갈 수 있는 것이다. 기회만 잘 잡으면 바로 러브호텔로 달려갈 수도 있다.

데이트 분위기에 심취해 있는 여자라면 섹스에 관한 뜨거운 상상도 어느 정도 하고 있다. 그렇다고 남자에게 그런 마음을 쉽게 열어놓지는 않는다. 남자의 행동에 따라 반응하고 동의를 할 뿐이다.

섹스에 있어서 여자는 바보다. 자신의 솔직한 감정을 표현하지도 못하는 바보가 세상에 어디 있단 말인가. 그러나 여자가 보내는 신호를 받아 주지 못하는 남자는 정말 '구제불능'인 것이다. 여자가 섹스를 염두에 두고 남자에게 신호를 보냈는데, 남자가 그것을 알아채지 못하고 다음 단계로 넘어가지 못한다면 여자는 남자를 '등신'으로 생각한다. 그러고는 연락을 끊어 버린다. 그래도 남자는 그 이유를 알지 못한다. 이런 남자는 대게 막상 섹스를 할 때, 허둥대다가 제대로 된 삽입도 못하고 문 앞에서 흘려버리기 일쑤다.

여자가 보내는 신호는 개인마다 다르다. 우선 남자의 행동에 따른 여자의 감정 변화에 주목해야 한다. 손, 어깨, 허리 등에 은근히 신체적 접촉을 했을 때 여자가 반응하는 속도와 감정을 잘 살펴야 한다. 이것이 바로 여자와의 친밀도를 체크하는 것이다. 이때 여자가 호감을 보이며 다가온다면 서서히 젖어들고 있는 것이라 판단해도 좋다. 행위가 아니라, 대화를 통해 여자의 호감도를 알아볼 수도 있다. 예를 들어 주변인들의 조금 야한 연애 이야기, 베드신이 격렬했던 영화에 대한 이야기 등을 할 때 여자가 은근히 신체접촉을 시도해 오면, 이것은 '나도 그렇게 하고 싶어'라고 말하는 적극적인 신호라 생각하면 된다. 이때 남자는 주저하지 말고 여자의 욕망을 불태워줘야 한다.

이외에도 여자의 신호는 다양하다.

1. 말을 할 때 어린아이처럼 응석을 부린다.
2. 여자가 먼저 야한 농담을 한다.
3. 시간이 늦었는데도 집에 갈 생각을 하지 않는다.
4. 허리나 어깨를 감싸안을 때 더 가까이 다가선다.
5. 여자가 팔짱을 낄 때 자신의 가슴이 남자의 팔에 닿도록 한다.
6. 다리가 서로 닿아도 피하지 않는다.
7. 촉촉이 젖은 눈으로 남자를 바라본다.
8. 이야기를 하면서 남자의 허벅지에 자연스레 손을 얹는다.
9. 남자의 얼굴에 뭐가 묻었을 때, 그걸 떼어내 주기 위해 자신의 머리카락을 남자의 얼굴에 대며 지나치게 가까이 다가온다.
10. 남자가 무슨 말을 해도 웃는다.
11. 갑자기 이야기가 끊기면 남자의 눈을 뚫어지게 바라본다.
12. 길을 걸어갈 때 큰길보다는 좁은 골목길을 선호한다.

예를 들어 설명한 내용이 모두 맞는다는 것은 아니다. 여자가 남자에게 보내는 대표적인 신호이니만큼, 이런 신호가 오면 좀더 적극적으로 다가서길 바란다. 여자는 자신이 원하는 것을 무시하는 남자를 가장 싫어한다. 바로 연락을 끊어버릴 수 있다.

이처럼 여자의 은밀한 신호도 구별하지 못하는 남자들이 거짓의 호감 표시에는 또 약하다. 나이트클럽이나 친구들을 만난 자리에서 남자에게 뭔가를 사달라고 조르는 여자들이 있다. 또 비용을 계산해 달라고 애교를 부리는 여자들도 있다. 술, 밥, 음료수 등등. 여자가 이러면 남자는 자신에게 호감이 있어 그러는 줄 알고 곧바로 반응한다. 도대체 남자들은 왜 이러는 걸까 여자가 자신을 단지 '물주'로밖에 생각하지 않는다는 것을 남자들은 모른다. 어느 정도 친밀한 관계라면 모르지만, 만난 지 얼마 되지도 않는 여자가 이런다면 아주 단호하게 경계를 해야 한다.

남자들에게 외친다. 머리 좋은 남자가 여자를 잘 유혹할 수 있는 것은 아니다. 모든 감각을 다 열어놓고 여자의 말과 행동을 주의 깊게 살피는 남자가 여자를 쉽게 우혹할 수 있다. 푸른 하늘을 거침없이 날아가는 독수리를 봐라. 유유히 날다가 먹잇감을 발견하면 한 번에 낚아챈다. 독수리가 아무 생각 없이 날아다니는 것같이 보여도 나름대로 탐색전을 펼치고 있는 것이다.

남자, 그곳(?)엔 뼈가 없다

여자도 남자의 몸을 알아야 한다. 그래야 남자를 쉽게 유혹할 수 있다. 흔히 페니스라고 부르는 남자의 성기에는 뼈가 없다. 심지어 근육 또한 풍부하지 않다. 남자의 성기는 3개로 이루어진 발기조직의 해면체로 구성되어 있다.

남자가 성적인 흥분을 하게 되면 흐물흐물한 기관이 놀라운 변신을 시도한다. 신경조직이 혈관 벽을 수축시켜 평소보다 10여 배가 넘는 혈액을 해면체로 보낸다. 혈액의 압력에 의해 남자의 성기는 비로소 형체를 드러내는 것이다. 이것은 여자의 몸 깊숙이 침범하기 위한 거침없는 몸부림이다. 남자의 성기에는 뼈도 없고 근육도 많지 않다. 그러므로 여자는 입으로든 손으로든 남자의 성기를 탐할 때 부드럽게 마사지하듯 어루만져야 한다.

여자를 알아야 여자를 유혹한다

남자가 여자에게 옷을 선물해 주면, 여자는 그 옷을 입고 멋진 데이트를 즐기는 상상을 한다. 그러나 남자는 분위기 있는 곳에서 그 옷을 벗기는 꿈을 꾼다. 이처럼 남녀는 서로 생각하고 지향하는 바가 많이 다르다.

한 예를 들어보자.

남녀가 데이트 약속을 잡았다. 남자는 활동성이 강한 여자를 위해 데이트 코스를 놀이공원으로 잡았다. 놀이공원에서 그녀와 둘이 스릴을 만끽하고 싶은 것이다.

그러나 여자는 이날 생리를 시작하고 말았다. 그렇다고 남자와의 데이트 약속을 취소할 수는 없었다. 생리통이 심한 여자는 놀이공원에서 가볍게 산책을 즐기고 싶었다.

이런 상황을 알 턱이 없는 남자는 롤러코스터를 타자며 여자의 손을 이끌었다. 여자는 어쩔 수 없이 남자의 손에 이끌려 롤러코스터를 탔다. 첫날이라 생리 양도 많고, 생리통도 점점 심해지고 있었다. 그런데 남자는 혼자 신나게 소리를 지르며 그 순간을 즐기고 있었다. 여자는 얼굴을 찡그렸다.

"무서워?"

남자가 놀리듯 말했다.

'이런 내가 놀이기구를 얼마나 좋아하는데….'

그러나 여자는 차마 생리 중이라는 말을 꺼낼 수가 없었다. 자신을 즐겁게 해 주기 위해 놀이공원에 와 준 남자를 실망시키고 싶지 않아서다. 여자는 억지웃음을 지으며 태연한 척했다.

일화에서 알 수 있듯 둘의 데이트는 그리 유쾌하지 못하게 끝나고 말았다. 여자의 감정변화를 읽지 못하는 남자의 무심함에서 비롯된 것이다. 현재 여자 처한 상황을 미리 눈치 챘더라면 둘은 조용한 카페에 앉아 창문 너머 놀이공원을 바라보며 오붓한 시간을 가졌을 것이다.

사람은 말로만 자신의 감정을 표현하는 것이 아니다. 표정, 몸짓, 눈빛, 목소리 톤 등으로 자신의 감정을 자연스럽게 표현한다. 정확히 말하자면 내비치는 것이다.

세 살배기 어린아이도 길을 가다가 사람들을 마주치면 그 사람이 무섭다, 좋다 등에 관해 쉽게 구분한다. 상대방의 표정과 몸짓 등을 통해 알 수 있는 것이다.

상호작용에 있어서 말보다 앞선 것이 바로 몸짓과 표정인 것이다. 외국 사람들과 대화를 할 때도 마찬가지다. 영어가 유창하게 안 되면 몸짓으로 설명하면 외국인도 어느 정도 알아듣는다. 대화가 통한다는 것이다.

이를 두고 커뮤니케이션이라 한다. 유혹을 하는 데 있어 대화나 직접적인 행동보다는 상대방의 눈빛을 지그시 바라보며 마음을 헤아리는 것이 더 중요하다. 사람의 눈은 감정변화에 가장 약하다. 연기를 통해 말이나 행동은 거짓으로 행할 수 있지만, 눈빛은 자신의 감정을 가장 솔직하게 드러낸다. 그래서 남자 경험이 많은 여자들은 상대방의 눈빛을 절대 놓치지 않는다. 오직 눈빛을 통해서 남자의 마음을 흔들어 놓기도 한다.

여자는 직감과 육감으로 남자의 감정 변화를 알아챈다. 상대방의 마음을 파악하는 데 있어 남자보다 여자가 훨씬 좋은 능력을 소유하고 있다. 이유는 뭘까? 아이를 낳아 보지 않은 여자도 본능적으로 양육에 대한 관심이 높다. 양육은 많은 시간과 노력이 필요하다. 말을 하지 못하는 아이의 몸짓과 표정 변화를 통해 아이의 심경 변화를 살펴야 한다. 오줌을 쌌는지, 배가 고픈지, 어디가 아픈지 등 빨리 알아차릴 수 있는 의사소통이 가능하도록 본능적인 힘을 갖춘 것이다.

이러한 능력은 훈련을 통해 얼마든지 취득할 수 있다. 대표적인 예로 영화를 볼 때 소리를 없애고 스크린을 통해 배우들의 움직임만을 바라보며 상황을 파악하는 것이다. 이를 통해 대화 내용, 심리 상태를 읽어내는 것이다. 이것이 진정한 독해력이다.

둘만의 달콤한 데이트, 함께 즐겨라

데이트를 할 때도 남자와 여자는 서로 추구하는 게 다르다. 여자는 예쁘게 화장을 하고 화려한 옷을 입고 외출하기를 좋아한다. 그러나 남자는 집 안에서 단둘이 즐기는 데이트를 좋아한다. 여자에게 있어 데이트란 새 차를 구입했을 때의 쾌속 질주 본능이고, 남자에게 있어 데이트란 엄마의 품속처럼 따뜻한 편안함이다. 이러한 차이를 알고 있다면 둘만의 달콤한 데이트는 문제 없다. 어떤 것을 하든 함께 즐기는 것이니까.

여자를 흥분시키는 로맨스 -
유형별로 배워보기

남자의 매력은 옷을 입고 있을 때, 여자의 매력은 옷을 벗고 있을 때 최고치에 이른다. 남자가 여자에게 옷을 선물하는 것은 예쁘게 꾸미고 싶어서가 아니라, 예쁜 옷을 입고 있는 여자를 벗겨 보기 위함이다. 그러나 여자의 생각은 다르다. 그 옷을 입고 자신의 아름다운 모습을 남자에게 보여주고 싶어 한다. 여자는 로맨스를 꿈꾼다.

어떤 로맨스가 여자를 흥분시킬 수 있을까?

여자가 원하는 로맨스는 지극히 개인적인 행복의 만끽이다. 현실에서 찾아볼 수 없는 환상의 실현인 것이다. 여자는 본능적으로 로맨스를 꿈꾸며 살아간다. 흔히 말하는 '백마 탄 왕자님'에 대한 환상이 모든 여자의 가슴을 태우는 로맨스인 것이다.

여자는 남자가 자신을 보살펴 주고 자상하게 모든 얘기를 들어주기를 원한다. 그게 최고의 행복이라 믿는 것이다. 한 남자의 '특별한 여자'로서 존중받기를 기대한다.

장미 한 다발을 들고 여자가 퇴근하기를 기다린다거나, 이른 아침 여자의 사무실에 들러 꽃바구니를 놓고 가는 남자는 이

시대 최고의 매력남으로 등극하는 것이다. 효과는 바로 나타난다. 꽃을 싫어하는 여자는 없다. 더구나 그 꽃을 바라보며 혼자 기뻐하는 게 아닌, 다른 사람들과 함께 바라보며 환호를 받게 된다. 이런 환상적인 로맨스에 여자는 무너지고 만다. 같은 선물이라도 전하는 방식에 따라 여자의 호감은 달라진다. 또 여자의 성향에 따라 선물과 전하는 방식을 달리 해야 한다. 유형별로 살펴본다.

1. 남자가 자신의 부모까지 챙겨 주기를 바라는 여자

→ 부모와 함께 공유할 수 있는 선물을 하라.

이때는 간식으로 먹을 수 먹을 수 있는 특별한 음식이 좋다. 이를테면 케이크, 건강식품, 와인 등이 좋다. 이런 선물을 전하면서 반드시 아버지나 어머니와 함께 먹으라는 말을 덧붙인다.

2. 스킨십을 즐기는 여자

→ 남자가 직접 신체적 접촉을 할 수 있는 목걸이나 반지 등의 선물이 좋다. 여자의 머리카락을 젖히고 목을 어루만지며 걸어 주는 목걸이는 최상의 선물이다. 이때 포옹을 한다든가, 키스를 하며 사랑한다는 말을 속삭인다. 귓속말만 잘해도 여자는 쉽게 흥분된다.

3. 매일매일 특정한 말을 듣고 싶어 하는 여자

→ 이런 유형의 여자에게는 오직 남자의 자상함과 애정이 가득 담긴 목소리가 최상의 선물이다. 이런 여자는 끊임없이 남자의 애정을 확인하고 싶어 한다. 그러므로 전화통화를 자주 해 여자의 고민을 들어주고, 여자에게 위안과 힘을 줄 수 있는 말을 전할 필요가 있다. 아침 일찍 또는 늦은 밤에 더욱 효과적이다.

4. 남자의 선물이 사랑이라 믿는 여자

→ 이처럼 물건에 집착하는 여자를 만족시키기 위해서는 매일매일 색다른 선물이 필요하다. 무조건 선물을 사서 안겨 주는 것으로 끝내는 게 아니라, 선물 하나하나에 의미를 부여해야 한다. 그러면 여자는 남자가 준 선물을 바라보며 그의 마음을 느낀다.

여자의 상향에 따라 로맨스를 순조롭게 펼쳐나가면 여자는 남자에게 더욱 끌리게 마련이다. 그러면 당신은 '백마를 탄 왕자님'의 대우를 받게 된다. 이처럼 로맨스란 여자의 성향에 맞추어 진행해야 하지만, 상황과 분위기를 만들어 줘야 한다. 특히 '처음'이 중요하다. '처음 받아 보는 선물', '처음 해 보는 경험'에 여자들은 매력을 느낀다. 더욱 중요한 것은 타이밍임을 잊어서는 안 된다.

섹스는 '몸으로 나누는 대화'다

만날 때마다 남자가 섹스를 요구한다고 해서 거부하지 마라. 사랑하니까 섹스를 요구하는 것이고, 섹스를 하니까 더 뜨거워지는 것이다. 그리고 섹스가 끝난 뒤 별다른 말없이 헤어진다거나 잠자리에 든다고 서운해 하지 마라. 남자는 이미 섹스를 통해 당신에게 사랑의 감정을 충분히 전달했다.

섹스는 몸으로 나누는 신비로운 대화법이다. 사랑한다는 열 마디의 말보다 격렬한 섹스 한 번이 더 효과적이라는 사실을 여자는 알아야 한다.

섹스가 끝난 뒤 남자의 몸을 어루만지며 만족스러운 미소를 보내라. 남자는 당신을 더 뜨겁게 사랑할 것이다.

색다른 유혹이 상대를 절정에
이르게 한다

　최근 K팝 스타로 떠오른 싸이, '오빤 강남 스타일'로 세계적인 스타가 되었다. 세계 어느 곳을 가든 싸이가 있는 곳이라면 수많은 팬들이 몰린다. 심지어 공항까지 싸이를 보러 나온 팬들도 많아 안전사고를 방지하기 위해 많은 경찰 인력을 투입해야 했다.
　이처럼 세계적인 팬들을 확보하고 있는 싸이의 인기 비결은 뭘까. 싸이 개인의 매력은 아닐 것이다. '오빤 강남 스타일'이라는 노래로 음악의 흐름을 바꾸어놓았기 때문이다. 수많은 팬들은 싸이의 노래에 열광하는 것이지, 싸이 개인에게는 별 관심이 없다.
　빠른 템포와 흥미진진한 댄스! 그것이 세계적인 팬들이 싸이를 좋아하는 이유다. 엄격히 말하면 싸이의 노래에도 관심이 없다. 오직 팬들의 관심은 싸이의 '말춤'인 것이다. 누구나 따라 하기 쉽고, 즐겁게 즐길 수 있는 독특한 선율이기 때문이다. 팬들은 오직 싸이의 말춤을 보고 싶은 것이다.
　이처럼 자신을 반겨 주는 수많은 팬들 앞에서 싸이는 더 열광적으로 변한다. 서울시청 앞 광장의 행사무대에서 소주 한

병을 자신의 몸에 모조리 쏟아 붓는 행위로 팬들과 하나가 되고, 또 팬들은 사이의 그런 격이 없는 행동에 박수를 보내는 것이다.

여자에게 호감을 받고 싶어 하는 남자의 행동도 이와 같다. 자신의 모습을 그대로 보여줘서는 여자를 유혹하는 데 한계가 있다. 그러므로 남녀 사이에도 연기가 필요하다. 이것은 어디까지나 여자에게 감동을 주기 위해 반드시 필요한 전략이지 거짓이나 사기행각은 절대 아니다.

연기는 배우들만의 전유물이 아니다. 누구나 자연스러운 연기를 통해 유혹에 성공할 수 있다. 여자들은 영화나 드라마를 통해 멋진 배우들에게 짙은 호감을 느낀다. 배우들만의 특별한 자질이 여자들로 하여금 호감을 불러일으키는 것이다. 여자들은 배우들의 인상적인 연기를 바라보며 감성을 자극받고, 즐거움을 추구한다. 그러면서 '내게도 뭔가 좋은 일이 일어날 것' 만 같은 환상에 빠져든다. 여자는 있는 그대로의 모습을 즐기기보다 특별한 감동에 쉽게 이끌린다.

남자들은 술집에서 아름다운 여자들과 마주치는 일이 흔하다. 이때 대부분의 남자들이 하는 작업은 고작 '테이블을 합치자' 가 전부다. 하지만 여자를 유혹하기 위해서는 좀더 색다른 방법이 필요하다.

소주 한 병의 유혹! 여자들은 넘어오게 되어 있다.

일단 소주 한 병을 들고 여자들이 있는 테이블로 향한다. 그 소주는 들고 가는 순간 와인으로 변해야 한다.

소주를 한 잔씩 따라 줄 때 정말 와인처럼 따라야 한다. 병의 끝부분을 잡고 따라준 뒤, 와인처럼 마지막에는 돌려서 끊어 준다. 이때 냅킨이나 물티슈로 병 입구를 닦아 주면 센스 만점이다. 와인을 따를 때에는 사람의 오른편에 서서 따르며, 순서도 시계 방향으로 해야 한다.

여자에게 말한다.

"와인은 신이 인간에게 주신 최고의 선물입니다. 이 고급 화이트 와인을 매력적인 여성분들께 권하고자 합니다."

여자들이 신기한 듯 쳐다볼 것이다. 절대 기회를 놓치지 마라.

"와인을 마시기 전에 코를 잔에 가까이 대고 향을 음미해 보세요. 진한 이슬의 향기가 코끝을 스칠 것입니다. 그리고 한 모금을 마신 후에 입안에서 굴려 맛을 느낀 다음 천천히 마십니다. 중요한 것은 눈으로 와인의 색상 및 투명도를 감상하는 것이죠. 이 화이트와인은 눈높이 정도에서 무슨 빛깔인지, 얼마나 맑고 투명한지 감상을 합니다." 그리고 코로 와인의 향을 맡아본다. 연기가 정말 능청스럽고 자연스러워야 한다. 이 정도 되면 대부분의 여자들은 경계심을 풀고 호감을 갖기 시작한다. 여자들에게 잔을 비우게 한 뒤 이렇게 말한다.

"이 테이블에는 고급 와인에 어울리는 안주가 없군요. 저쪽

테이블로 가시면 와인과 어울리는 좋은 안주가 준비되어 있습니다. 한 번 모시고 싶습니다."

이렇게 해 보면 안 넘어올 여자 없다.

여자가 좋아하는 스킨십 5가지

1. 뒤에서 살포시 안아 주기
2. 가벼운 입맞춤
3. 머리 쓰다듬어 주기
4. 발 주물러 주기
5. 손 잡아 주기

대부분 여자들이 이런 스킨십을 즐긴다. 이러면서 사랑을 느낀다. 이처럼 여자는 손잡고 여기저기 걸어 다니는 것만으로도 만족해한다. 그러나 남자들은 여자가 물질적인 선물, 그리고 비싼 커피, 비싼 밥만 좋아한다고 오해한다. 사람마다 차이는 있지만 비싼 커피가 아니더라도 자판기 커피 한 잔 하며 눈 맞추고 얘기 하는 게 더 좋을 수 있다. 또 비싼 밥보다 소박하게 떡볶이 한 접시 먹고 손잡고 걸어 다니는 것을 더 좋아하는 여자도 많다. 여기에 '사랑이 듬뿍 담긴 스킨십!' 이 있다면 예쁜 사랑을 지킬 수 있다.

유혹하는 데 5초면 충분해

일반적으로 볼 때 남자는 자기보다 돈 없는 친구와 같이 다니는 것을 싫어한다. 반면 여자는 자신보다 키 크고 예쁜 친구와 같이 다니지 않으려 한다. 남자와 여자는 이처럼 극과 극을 달린다.

멋진 외모를 갖추고 좋은 위치에 있어도 여자에게 인기 없는 남자가 있다. 이와 반대로 그냥 평범한 외모에 별 볼일 없는 상황인데도 여자가 줄줄 따르는 남자들이 있다. 또 몇 번의 짧은 연애 경험이 있는 남자들은 이성과의 이별에 대해 그 이유를 모른다. 하지만 공통점은 분명히 존재한다. 우리는 이들을 '칠뜩이(바보)'라고 부른다.

1. '친구' 그 이상도 그 이하도 아니다.

⇒ 적극적이지도 못하고 특별한 매력이 없다.

편한 친구, 좋은 오빠, 귀여운 동생 등의 이미지에서 벗어나지 못한다. 서로 시간이 있을 때 만나 밥을 먹고, 차를 마시고, 영화를 보고, 잠시 수다나 떨다가 헤어지는 사이다. 긴장감이나 설렘이 전혀 없다. 이런 유형은 여자가 이별 후 잠시 위안과 치료가 필요할 때 만나는 남자다.

2. 여자를 힘들게 한다.

⇒ 자신감이 없어 여자를 리드하지 못한다.

데이트를 할 때 뭐든지 여자에게 물어본다. 여자를 존중해서 하는 행동이라고 나름대로 변명을 늘어놓지만, 리더십이 없는 남자에게 여자는 흥미를 느끼지 못한다. '우리 오늘 놀이공원 가자', '우리 오늘 고기 먹자', '우리 오늘 영화 보러 가자' 식으로 여자를 리드할 수 있어야 한다. 이런 유형은 엄마처럼 편안한 연상녀를 만나야 한다.

3. 여자 앞에만 서면 작아진다.

⇒ 친구들과 있을 때면 큰소리로 잘 떠들면서, 유독 여자 앞에서는 말 한 마디도 못하는 남자들이 있다. 이것을 두고 '여자 울렁증'이라고 한다. 무슨 말을 하고 싶어도 가슴 떨리고, 괜스레 얼굴이 붉어지고는 한다. 하고 싶은 말은 많은데 좀처럼 대화를 이어갈 수가 없다. 이런 유형은 연애 초보들에게서 찾아볼 수 있는데, 좀더 많은 경험이 필요할 뿐이다.

4. 입에 넣어 줘도 못 먹는다.

⇒ 주변에서 여자를 소개시켜 주지 않으면 자신의 힘으로 여자를 만나지 못한다. 오직 미팅이나 소개팅에만 의존한다. 이처럼 소극적이고 수동적이다 보니 남자로서의 매력이 전혀 없다고 봐야 한다. 이런 유형은 결국 결혼정보업체를 찾아간다.

대부분의 남자들은 사랑을 하게 되면 평소에 '안하던 짓' 도 하게 마련이다. 여자를 향해 '닭살 돋는 행위'는 기본이다. 사랑하는 여자 앞에서 쑥스러워 할 필요도 없으며, 주변 사람들을 의식할 필요도 없다. 여러 가지 이미지를 표현할 수 있는 훌륭한 연기자가 되어 여자를 유혹하는 데 온 힘을 기울여야 한다.

예술가들 주변에 여자들이 많은 이유도 이 때문이다. 시인, 소설가, 화가, 조각가, 사진가 등의 예술가 곁에는 항상 여자들이 따라 다닌다. 그들은 일반인과 다른 표현의 기술을 펼치기 때문이다. 자신만의 언어와 감정의 표현으로 여자를 유혹한다. 예술에 있어서 중요한 것은 바로 오감만족이다. 시각, 청각, 촉각, 후각, 미각을 자극해 자신의 매력을 강하게 어필한다. 이로써 여자는 색다른 즐거움과 흥분을 느끼게 된다.

그래서 끊임없이 새로움을 추구하는 자신만의 '스타일 완성'이 절실하게 필요한 것이다. 중요한 것은 '자기관리'이다. 매력적인 여자를 원한다면 자기 스스로 매력을 어필할 수 있는 뭔가를 멋지게 꾸며야 한다.

외모, 몸매, 패션 등을 다양하게 연출할 수 있어야 여자를 유혹하기가 유리하다. 살이 찐 사람이라면 음식을 적게 먹고 운동을 해 근육질의 몸으로 만들어야 한다. 명심해야 한다. 여자가 남자를 처음 대할 때 외모에 관심이 많다는 것을! 여자가 남자를 바라보는 것은 5초임을 잊어서는 안 된다. 여자는 5초 안에 남자의 몸매와 패션 감각에 호감을 느낀다. 이게 바로 첫인상의 중요성이다. 그렇기 때문에 남자는 자신만의 스타일을 살릴 수 있는 감각을 길러야 한다.

스타일의 완성은 유혹의 기술이다. 이것은 하루아침에 만들어지는 것이 아니다. 꾸준히 익히고 노력을 하다 보면 서서히 자신만의 스타일이 완성되어 간다. 그러면서 매력적인 남자로 변모하게 된다. 자신만의 매력을 최대한 발산할 수 있어야 언제 어디서든 여자를 만날 때 뜨거운 관심을 받을 수 있다.

'옷이 날개'라는 말은 비단 여자들에게만 해당되는 말이 아님을 명심해야 한다. 다소 비싼 옷이라도 자신만의 스타일을 연출할 수 있다면 과감히 투자해야 한다. 여러 가지 패턴의 옷을 구비해 여자와의 만남이 있을 때마다 교체해 입고 나간다면 여자는 당신의 스타일에 강한 호감을 드러낸다.

남자의 향기? NO~ 땀 냄새!

남자는 여자보다 활동적이어서 틈틈이 운동을 하는 등 육체적 움직임이 많다. 특히 여름이나 습도가 높은 날에는 운동을 하지 않았더라도 겨드랑이 등에서 땀 냄새가 많이 난다. 간혹 취향에 따라 남자의 땀 냄새를 '그만의 달콤한 향기'로 여겨 좋아하는 여자들도 있다. 그러나 대다수의 여자들은 남자의 땀 냄새 때문에 데이트를 할 때에도 일정한 간격을 두는 경우가 있다. 사실 땀 냄새 자체가 그리 불쾌한 것은 아니다. 흘러내린 땀방울이 옷에 스며들어 섬유의 성분과 섞여 나올 때 그 냄새가 상대방으로 하여금 인상을 찡그리게 한다.

여자를 만나러 가는 자리 상황이 여의치 않아 샤워를 할 수 없다면 젖은 수건이나 물티슈로 얼굴과 목, 그리고 겨드랑이 정도는 닦아내고 가는 게 여자에 대한 예의인 것이다. 센스 있는 남자라면 싱그러운 느낌을 전해 줄 향수를 뿌려 주면 그녀에게 다가서는 발걸음이 더욱 가벼워질 것이다.

실전에 돌입하여 그 여자의 경계심 벗겨 보기

성공적인 유혹을 위해 여자가 호감을 가질 수 있는 대사를 미리 준비해야 한다. 여자가 어떤 말을 좋아할까? 특별히 좋아할 만한 말은 없다. 그러니 한 마디로 여자의 심장을 녹이려는 허황된 생각은 일찌감치 버려라. 영화나 드라마의 대사를 흉내 낸다고 괜히 오버하다가 '느끼한 남자'라는 오명을 쓰고 여자의 경계심만 높일 수 있다.

여자가 남자를 판단하는 시간은 길어야 5초밖에 안 된다. 그 짧은 순간에 남자의 얼굴, 헤어스타일, 패션, 목소리 등을 분석해 만남을 지속할 것인지, 끝낼 것인지를 결정한다. 여기서 통과된 자만이 여자와 대화를 할 수 있는 것이다.

그렇기 때문에 상황에 맞는 대화를 유지하기 위한 감각을 익혀둘 필요가 있다. 상황 판단, 화제 전환, 답변 유도, 의견 제시 등 다양한 기능에 따른 맞춤 대화를 설정해야 한다. 이는 직접 경험하며 본인 스스로 익숙해지는 방법밖에 없다. 즉, 오랜 훈련 과정을 통한 노력의 결과물을 기대할 수밖에 없기 때문에 실전 경험을 많이 쌓아야 한다.

준비가 철저하지 못하면 지속적인 만남을 이어갈 수가 없다. 대부분 사소한 문제로 유혹에 실패하는 경우가 종종 있다. 대화의 속도와 정확성 등 다양한 부분에서 그 원인을 찾을 수 있다.

특히 여자들의 경우 경계심이 강해 말을 걸어오는 남자들을 이상한 사람 대하듯 하는 경우가 있다. 심지어 '벌레'를 털어내듯 자신의 영역을 지키려 애쓴다. 따라서 남자는 여자에게 다가갈 때 절대 위협적인 인물이 아니라는 것을 확실히 부각시켜야 한다.

1. 적절한 거리를 유지해야 한다.

여자에게 지나치게 가까이 다가가면 위협을 느끼거나 거부감이 생겨 한발 물러선다. 그렇다고 너무 멀리 떨어져서 접근하면 자신의 매력을 어필할 수 없게 된다. '너무 멀지 않게, 너무 가깝지 않게!' 이것이 여자의 은밀한 공간을 보장해 주는 것이다.

사무실의 회의용 테이블을 떠올려보라. 마주보는 사람과 가깝지도, 멀지도 않은 거리가 생긴다. 그러면서 대화는 자연스럽게 이어진다. 바로 이것이다. 정확한 수치로서 나타내는 것보다 훨씬 더 이해가 빠를 것이다. 여자들은 이 간격을 선호한다.

2. 옆으로 접근해야 한다

 접근하는 방향도 중요하다. 대부분 남자들이 길 가는 여자의 앞을 가로막고 대화를 시도한다. 이럴 때 10명 중 9명은 순간 멈칫 하고 뒤로 한발 물러선다. 바로 두려움 때문이다. 또 다른 방식으로 뒤에서 여자에게 접근하는 경우가 있다. 이러면 여자는 놀라 도망가 버려 대화의 기회조차 얻지 못한다.

 여자에게 접근하는 방식으로 가장 현명한 자세는 여자보다 한발 정도 앞서 옆에서 접근을 시도하는 것이다. 유명인들이 길거리를 지나갈 때 경호원들이 한발 앞선 측면에서 경호를 한다. 진입로를 방해하지 않으며 가장 안전하게 보호할 수 있는 방식이기 때문이다. 여자에게 접근할 때도 이와 같은 방식을 도입하면 거부감 없이 대화를 이끌어 낼 수 있다.

3. 웃는 얼굴을 보여야 한다

 웃음은 우는 아이도 멈추게 한다. 사람을 대할 때 얼굴 표정이 가장 중요한데, 이때 미소를 띤 얼굴은 상대방의 경계심을 없애는 데 아주 효과적이다. 일단 남녀가 얼굴을 마주치게 되면 1초도 안 되어 서로를 탐색한다. '좋은 사람인가, 나쁜 사람인가'를 판단하는 시기에 얼굴의 미소는 결정적인 효과를 발휘한다. 화난 얼굴이나 심각한 얼굴로 여자를 대한다면 곧바로 거절당한다.

4. 속마음을 들키지 말아야 한다

여자의 발걸음을 멈추게 한 근본적인 원인에 대해 절대 말을 하지 말아야 한다. '내 이상형이라', '사귀고 싶어서' 등의 솔직한 표현은 하지 않는 게 좋다. 굳이 말을 하지 않아도 여자는 남자의 의도를 충분히 알고 있다. 괜히 진심을 밝혔다가 '아무 여자한테나 들이대는 바람둥이' 라는 인식을 심어 줄 수 있다.
'가방이 무거워 보여서', '어디선가 본 듯한 얼굴이기에' 등 우연을 가장한 감성적인 대화를 이끌어야 한다.

5. 목소리에 신경 써야 한다

일단 여자 옆에 다가서면 목소리 톤에 신경을 써야 한다. 평상시보다 목소리 톤을 한 옥타브 정도 올려 상대방보다 경쾌한 목소리로 대화를 시도해야 한다.
목소리 톤을 낮춘다면 도움을 요청하는 사람으로 오해를 하게 되어 심각하게 받아들인다. 여자의 기분까지 즐겁게 해 줄 수 있는 경쾌한 목소리로 다가갈 때 여자도 편안하게 남자와 대화를 시도하게 되는 것이다.

본 지면의 글을 이해하기가 어려운 사람들은 대형마트나 행사장에 가면 홍보물을 들고 다니며 방문객에게 상품 홍보를 하는 주부사원들을 떠올려 봐라. 이들은 항상 한발 앞선 측면에서 고객을 공격하며, 목소리 톤 또한 매우 경쾌하다. 게다가 얼굴에는 상냥한 미소까지 번진다. 누가 이들에게 경계심을 갖겠는가.

남자는
여자의 미소에 약하다

남자는 마음에 드는 여자에게 관심의 눈길을 보내게 마련이다. 문득 그녀와 눈이라도 마주치면 설레는 마음을 감출 수가 없다. 줄곧 그녀를 지켜본 마음을 들킨 것 같아 부끄럽기도 하다. 눈이 마주친 남자가 매력 있어 보이면 살짝 웃어 보여라. 그 순간 남자는 심장이 멎는 듯한 감동을 경험한다. 비로소 남자는 용기를 내어 여자에게 접근한다. 자신을 향해 상냥하게 웃어준 여자에게 강한 매력을 느낀다. 낯선 여자로부터 생각지도 못한 미소를 받고 감격한 나머지 어떻게든 자신의 마음을 전하고 싶어 한다. 짧은 순간의 역사는 이렇게 시작되는 것이다. 남자는 섹스보다 더 진한 감동을 경험하게 된다.

이것이 진정한 유혹의 테크닉이다

상대방의 경계심을 풀어 주는 방법으로 대화만한 게 없다. 대화를 통해 스스럼없이 상대에게 다가갈 수 있으며, 상대방 또한 자신의 모든 것을 드러내는 계기로 작용한다. 상대방의 속마음을 바로 읽을 수 있는 대화법. 이것이 진정한 유혹의 기술이다.

상대방의 심리상태를 파악하기 위해서는 고도의 기술이 필요하다. 이것은 각본 없는 드라마라고 해도 과언이 아니다. 자신이 원하는 결과를 이끌어내기 위해 고도의 심리학을 동원해야 한다. 상대방의 마음을 사로잡는 고도의 독심술. 이것이 심리상태를 이끌어내는 고도의 테크닉이다.

대화를 성공적으로 이끌면 '무당도 보험'에 들게 할 수 있는 것이다. 이와 반대로 지식과 지혜를 두루 갖춘 사람들이 무당집에 드나들고, 사이비 종교에 빠져드는 것도 이와 같은 이치다. 이들의 대화수법에 말려드는 것이다.

쉬운 예로 점집에 가면 이런 질문을 한다.

"뭐가 힘들어서 오셨어요?"

'뭐가 힘든지'는 자신이 신점을 통해 밝혀내야 하는 부분이다. 그리고 그에 대한 위안과 치유법을 제시해야 진정한 무속인이 아니던가.

또 이런 말을 한다.

"요즘 돈 문제로 힘들죠?"

이 세상에 돈 문제로 고민이 없는 사람이 몇이나 되겠는가.

"요즘 직장이나 사업문제로 고민이 많으시죠?"

당연하다. 직장이 마음에 안 들어서 옮기려 하고, 사업이 잘 안 되니까 접을지 말지를 고민하게 되는 것이다. 그 해결책을 찾기 위해 점집을 찾는다.

처음 점집에 가는 사람은 신기한 나머지 묻지도 않은 얘기까지 한다. 결국 무속인에게 모든 가정사를 고해성사하듯 속속들이 끄집어낸다.

이처럼 무속인은 방문객에게 우회적인 대화를 통해 사전 정보를 알아내고, 그 다음에 이러쿵저러쿵 얘기를 한다. 결론은 '몇 대 조상이 억울해서', '터줏대감이 돌아앉아서' 등등의 원인을 제시하고 '굿'을 하라고 한다.

이 무속인은 자신만의 대화 테크닉을 구사하고 있는 것이다. 남녀 사이의 대화에 있어서도 이처럼 고도의 테크닉을 이용해 대화를 이어나간다면 상대는 자신의 마음을 열고 대화에 응하게 된다. 이 대화법을 통해 상대방의 심리를 파악해 간다면 이성에게 다가서기가 훨씬 수월하다.

예언가나 무속인처럼 상대방의 심리를 자극하는 대화법을 구사한다면 상대로부터 호감을 불러일으키는 것은 그리 어렵지 않다. 상대는 모든 잠금장치를 스스로 풀고 마음을 열어 보인다. 예문을 통해 상대를 무너뜨리는 고도의 대화법을 익혀 본다.

1. 상대방으로부터 'YES' 라는 대답 이끌어내기

⇒ 부정적인 질문을 통해 상대가 무조건 수긍하게 만든다.
"남자 처음 만나는 거 아니죠?"
여자의 기분을 상하지 않게 하면서 자연스럽게 연애 경험에 대해 알아볼 수 있다. 여자가 '처음'이라고 답을 하든, '남자 사귄 경험이 있다'라고 답을 하든, 내가 원하는 답을 얻어낼 수 있다.
"내일 액션 영화 볼까요, 멜로 영화 볼까요?"
자연스럽게 에프터 신청을 할 수가 있다. 여자의 대답에 따라 나에 대한 호감도를 체크할 수 있는 것이다. 이런 상황에서 '영화 안 좋아하니 만나지 말자'고 거부할 여자는 거의 없다. '어! 이 남자 센스 있네'라고 생각하며 호감을 느낀다.

2. 시간차 공격으로 그녀의 기억 지우기

⇒ 여자와의 대화 도중 그녀의 기분을 상하게 했거나, 달리 할 말이 없을 경우에 섬세한 질문으로 위기를 모면한다.

"술은 맥주를 좋아하세요, 소주를 좋아하세요?"

여기서 와인이나 전통주, 또는 양주를 좋아한다고 서슴없이 말할 여자는 거의 없다. 질문의 요지에 맞게 맥주와 소주 중에 선택을 한다.

소주를 선택했을 경우,

'소주를 좋아하는 사람은 맥주를 좋아하는 사람보다 짜릿한 사랑을 꿈꾼다. 소주의 진하고 깔끔한 맛처럼 자기관리에 철저한 남자를 좋아하지.'

맥주를 선택했을 경우,

'맥주를 좋아하는 사람은 소주를 좋아하는 사람보다 부드러운 사랑을 즐긴다. 맥주의 싱그러운 향기와 풍성한 맛처럼 자상하고 세심한 남자에게 강한 매력을 느끼지.'

3. 그녀의 일상에 내 생각 끼워 넣기

⇒ 이것은 무속인들이 잘 사용하는 화술로서 누구에게나 '있을 법', '느낄 법' 한 이야기를 통해 '나도 그런데, 내 마음을 어떻게 알았지?' 하고 느끼며 대화 속에 완전히 몰입하게 된다.

"겉으로 보기에는 조금 냉정한 듯 보이지만 속마음은 무척 따뜻할 거 같아요."

듣기 좋은 소리에 거부반응을 보이는 여자는 없다. 본인 스스로도 마음이 따뜻한 여자라고 느낀다.

"우울할 때는 어디론가 훌쩍 여행이라도 가고 싶죠?"

안 그런 사람이 어디 있는가? 그래도 여자는 '내 마음을 어떻게 잘 알지?' 하고 생각하며 남자에게 호감을 보인다.

"이별 후에도 모든 게 내 탓이라고 생각하며 상대를 증오하지 않죠?"

여기서 여자가 '난 못된 여자라 남자를 증오한다' 라고 말할까? 자신을 좋게 평가해 주는 남자의 매력에 맥없이 무너지고 만다.

4. '동의' 와 '긍정' 의 대답 이끌어내기

⇒ 사소한 질문을 통해 상대방의 동의를 구한다. 그러면 상대방은 모든 이야기를 긍정적으로 받아들인다. 단답형의 답변을 유도하기 위한 유형으로 일종의 최면 효과를 볼 수 있다.

"커피 좋아하시나 봐요?"

"네."

커피를 좋아하니까 커피숍에 왔지.

"커피는 맛도 좋지만 향이 더 좋죠?"

"네."

'아니오. 향은 별로예요' 라고 말하는 여자는 없다. 커피의 맛과 향을 동시에 느끼기 위해 커피를 마시는 것이다.

"커피숍에 오면 아늑한 분위기가 참 좋죠?"
"네."

여자들이 커피숍에 가는 이유는 두 가지다. 첫째는 시간을 때우며 수다를 떨기 위함이고, 둘째는 커피숍만의 독특한 분위기를 느끼기 위해서다.

"우리 자리 옮겨서 술 한잔 할까요?"
"네."

결국 여자와의 진도를 더 나가고 싶은 욕구를 대화를 통해 유도한 것이다. 모든 질문에 긍정적으로 대답을 한 여자는 마지막 질문에도 거절하지 못하고 결국 동의를 한다.

5. 일상적인 고민 해결로 간격 좁히기

⇒ 사람이라면 대표적인 고민거리가 일치하게 마련이다. 돈, 건강, 미래, 인간관계 등은 누구나 가지고 있는 고민으로 힘겨워한다. 이 중 한 가지를 골라 여자에게 질문을 하다 보면 공감을 이끌어낼 수 있다.

"무척 피곤해 보여요. 요즘 바쁘게 보내는가 봐요?"

학생이든 직장인이든 누구나 바쁜 일상의 연속이다. 그러다 보니 피곤한 것은 당연하다.

"관상을 보니 곧 좋은 일이 생길 것 같군요. 금전운도 있어 보이고, 애정운도 곧 트이겠네요."

누구에게나 돈이라는 것은 들어왔다 나가기를 반복한다. 애정운도 없다가 생기기도 한다.

이처럼 상대방의 심리를 자극하는 대화법을 유창하게 구사한다면, 여자의 심리상태를 엿볼 수 있고, 그녀의 경계심이 허물어지는 것을 지켜볼 수 있다. 여자의 마음을 정확하게 읽을 수만 있다면 유혹은 거의 성공한 것이다. 이제부터 차근차근 진도를 나갈 수 있다.

아무 때나 '불끈', 남자의 섹스 충동

대부분의 남자는 사춘기가 되면 야동, 사진 등을 통해 섹스 충동을 경험한다. 철저한 개인 학습을 통해서 성충동을 경험하는 것이 남자들의 일반적인 통과의례다. 그러면서 남자는 실제 여자를 만나 섹스를 하고 싶은 욕구가 강하다.

건강한 남자라면 잠들어 있는 상태에서도 발기할 수 있고, 아침이면 하늘을 찌를 듯 성기가 딱딱하게 발기한다. 때문에 남자는 아침부터 성욕을 느끼며 하루를 시작한다. 그러하여 등굣길이나 출근길에 예쁜 여자를 보면 자연스럽게 성충동을 느끼게 된다. 혈기 왕성한 나이에는 20~30분에 한 번씩 발기되며 성충동을 느낀다.

시각적인 자극이나 후각적인 자극에도 성충동을 느끼지만, 단순한 마찰에 의해서도 남자는 발기를 한다. 붐비는 지하철이나 버스에서 몸을 부딪치다 보면 남자는 자연스럽게 발기를 한다. 이를 느끼더라도 '아, 건강한 남자구나' 하고 넘어가야지, 이상하게 쳐다보며 '성추행범'으로 생각해서는 안 된다. 특별한 이유 없이 좁은 공간에서 여자의 몸과 마찰을 일으키다 보니 자연스럽게 발기를 하는 것이다.

5장

남자를 내 맘대로, 여자를 내 맘대로 끌어내는 유혹 비법

여자를 무릎 꿇게 하는
남자의 테크닉 설명서

대기업 서비스센터에 가 보면 직원들이 모두 웃는 얼굴로 고객을 대하고 있다. 얼굴도 예쁘면서 미소까지 띄우니 서비스센터를 방문한 고객들은 자연스레 기분이 좋아진다. 비록 처음 본 얼굴이지만 자신을 향해 밝게 웃는 모습을 보며 마음의 경계는 허물어진다.

처음 만난 사람에게 마음을 여는 방법으로 미소만한 게 없다. 그런데 사람을 대하면서 항상 웃음 띤 얼굴로 대한다는 게 쉽지만은 않다.

그래서 유명한 CS강사들은 항상 '위스키'를 발음하면서 혼자서 쉽게 연습할 수 있다고 단언한다. 이 단어를 발음하면서 입꼬리를 살짝 치켜올리라는 것이다. 거울을 보고 혼자 연습해 보면 마치 바보스럽다는 인상을 받는다.

바보 같아도 좋다. 여자 앞에서 항상 웃는 얼굴로 반갑게 인사를 하라. 그리고 여자가 하는 말에 대해 적절히 웃어 주고 적극적인 반응을 보이면 여자는 금세 남자에게 호감을 보인다. 아무리 사소한 것일지라도 여자의 말과 행동에 웃어 주고 호흡을 함께 맞춰 주면 여자의 마음은 열린다. 이때 조금은 과장스러운 감탄사까지 섞어 준다면 금상첨화다. 여자의 마음을 여는 것은 유혹의 기본 사항인 것을 염두에 둬야 한다.

낯선 남자에 대한 경계는 자신을 보호하기 위한 여자의 본능이다. 따라서 밝은 미소와 대화의 기술로 여자의 경계심을 풀어 줘야 한다. 그러면서 여자에 대한 호감의 표시를 강하게 드러내야 한다. 그러면 여자도 자신에 대한 남자의 호감을 느끼기 때문에 자연스럽게 서로의 감정을 교류할 수 있게 된다.

내 얼굴 표정이 어두우면 상대방이 불안해한다. 그렇지만 내가 환하게 웃고 있으면 그걸 바라보는 상대방도 희열을 느낀다.

예를 들어 집에서 부모가 부부 싸움을 한 뒤 얼굴 표정이 일그러져 있으면 그 모습을 본 아이들은 제 방에 들어가 나오지를 않는다. 그것은 잘 못하다가 꾸중을 들을까, 하는 두려움 때문이다. 그러나 부모가 항상 즐겁게 웃고 있으면 아이들도 덩달아 신나게 뛰어논다. 부모의 기분이 좋으니 조금 잘 못해도 이해해 줄 거라 믿기 때문이다.

이와 마찬가지로 여자를 대하는 남자의 얼굴에 항상 미소가 가득하면 여자의 마음이 편안해진다. 여자를 더 즐겁게 해 주고 싶다면 유머감각을 동원해 여자가 맘껏 웃을 수 있도록 분위기를 전환하는 것도 좋다. 이때 주의할 점은 유머를 전달하는 것에 치중하지 말고, 표정과 목소리, 그리고 분위기를 연출할 수 있는 능력이 필요하다. 단순히 여자를 웃기고야 말겠다는 하나의 생각으로 이야기 전달에만 치중하다 보면 여자는 추워서 펭귄과 함께 여행을 떠나고 만다.

유머에 대한 테크닉은 텔레비전 개그 프로그램이나 인터넷을 보면 쉽게 연습할 수 있다. 거울을 보며 그에 어울리는 표정과 동작, 그리고 목소리까지 연습을 해야 한다.

여자를 유혹하는 데 있어 웃음만큼 효과적인 기술은 없다. 스스로 많이 웃고, 여자 앞에서 더 많이 웃어라. 그리고 유머감각을 익혀 그녀를 즐겁게 해 줘라. 여자는 남자의 테크닉 앞에 무너진다.

키스하고 싶다면 입안을 청결하게 하라.

아무리 매력적인 남자라도 입 냄새가 고약하다면 여자들이 싫어한다. 특히 담배를 피운 후 양치질을 하지 않으면 입 냄새는 말로 표현하기가 힘들 정도로 고약하다. 입 안에서 나는 담배 냄새는 거의 악몽 수준이다. 이런 상태에서 키스를 시도한다면 어느 여자가 그것을 받아주겠는가. 키스를 하고 싶다면 담배를 끊든지, 구강 청결제라도 사용하는 센스를 보여라.

이런 남자, 정말 싫다 - 여자가 싫어하는 5가지 유형의 남자

　주위에 보면 스킨십 때문에 차이는 남자들을 흔하게 본다. 여자가 좋아하는 남자라도 감정에 휩싸여 과도하게 스킨십을 시도한다면 여자에게 불쾌한 감정만 안겨줄 뿐이다.
　스킨십은 말 그대로 신체적 접촉에 의한 의사소통인 것이다. 스킨십이란 원래 육아용어로 알려져 있다.
　육아용어 킨십(혈족 관계)에서 '피부 관계'의 뜻으로 만들어진 일종의 조어(造語)라고 한다. 애정은 피부의 접촉이 없이는 깊어지지 않는다고 보아 엄마와 아기 사이의 커뮤니케이션이라 일컬어진다.
　이런 스킨십이 진화하여 현재는 연인끼리, 친구끼리 의사전달을 포함한 넓은 의미로 사용되고 있다. 그러나 분위기에 맞지 않는 스킨십이 과도하게 이루어지면 여자는 거부반응을 보인다.
　여자가 싫어하는 스킨십, 그리고 여자가 싫어하는 남자의 유형을 5가지로 종합해 알아보자.

1. 데이트를 할 때

- 여자가 춥다고 하면 자기가 더 춥다고 징징대는 남자

- 음식을 남기면 내숭떤다고 비아냥거리는 남자

- 예쁜 여자가 지나가면 흘끔흘끔 쳐다보는 남자

- 자기가 먼저 데이트 신청이나 보고 싶다는 말은 하지 않는 남자

2. 전화통화를 할 때

- 여자가 먼저 연락하기를 기다리는 남자

- 대화 도중 말이 끊기면 아무 말도 하지 않는 남자

- 자주 통화를 멈추고 딴 짓에 열중하는 남자

- 늦은 밤에 통화할 때 '사랑한다' 는 말을 안하는 남자

- 친구들끼리 놀러 가면 전화도 안하고, 여자의 전화도 안 받는 남자

- 항상 전화를 먼저 끊자고 말하는 남자

- 늦은 밤 통화 시 하품을 자주 하는 남자

3. 선물을 주고받을 때

- 여자가 무조건 명품이나 비싼 물건만을 좋아한다고 착각하는 남자

- 무조건 비싼 선물을 요구하는 남자

- 기념일이나 생일에만 선물을 주는 남자

4. 아는 여자가 많을 때

- 핸드폰에 저장된 주소록에 여자가 대부분인 남자
- 다른 여자와 전화나 문자를 자주 하는 남자
- 둘만의 데이트 시 다른 여자랑 통화하는 남자
- 누구냐고 물어보면 꼭 친한 누나 또는 동생이라고 말하는 남자
- 아무 여자에게나 과도한 친절을 베푸는 남자

5. 그 외 …

- 만남의 목적이 스킨십으로 보이는 남자
- 대화할 때 여자의 친구나 가족에 관해 더 궁금해 하는 남자
- 비만 등 신체적 약점을 자주 거론하는 남자
- 여자의 말을 무시하는 남자
- 만날 때마다 피곤해하는 남자
- 데이트 도중 다른 친구나 선배를 만나러 가는 남자
- 잘 씻지 않아 땀 냄새를 풍기는 남자
- 담배를 피워 입 냄새가 심하게 나는 남자

여자들이 싫어하는 남자의 모습을 알아봤다. 어쩌면 남자들이 지키면 좋은 기본적인 매너라고 생각해도 좋다. 어자도 결코 남자에게 많은 것을 바라지 않는다. 조금만 신경 쓴다면, 언

제 어디에서나 눈길이 가는 남자가 될 수 있다. 여자들은 '센스' 있는 남자를 좋아한다.

잠자기 5분 전, 전화로 유혹하기

전화로 전하는 목소리는 평소와 달리 달콤하다. 유혹의 강도를 높이려면 잠자기 5분 전에 전화통화를 하라. 서로 이불 속에서 통화를 하게 되므로 은밀한 기분을 만끽할 수 있다. 그러나 상대가 졸릴 수 있기 때문에 통화는 오래 하지 않는 것이 좋다. '네 목소리를 들으니 이제 마음이 편해졌다', '네 목소리를 듣고 잠들고 싶어서' 라는 감정이 억제된 대화를 통해 상대방의 긴장을 풀어 주는 게 좋다. '사랑한다'는 말을 부르짖는 것보다 훨씬 효과적이다.

이런 여자, 정말 싫다 - 남자가 싫어하는 5가지 유형의 여자

남자들마다 차이가 분명히 있지만, 여자의 행동에 대해 공통적으로 나타나는 심리현상도 상당히 많다. 남자가 싫어하는 여자 행동에는 과연 무엇이 있을까?

여자가 싫어하는 남자의 유형보다 적어 되도록 자세하게 설명하고자 한다. 남성들은 공감을 하면서 읽을 수도 있으며, 여자들은 참고를 해 보면 좋겠다.

1. 목소리가 우렁찬 여자

⇒ 목소리가 쩌렁쩌렁한 여자에게 남자들은 큰 호감을 느끼지 않는다. 많은 사람들과 함께 있는 곳에서는 다소 민망할 수도 있다. 남자들은 여성스러운 행동을 하는 여자를 좋아하기 때문에, 이런 목소리가 큰 여자에 대해 다소 실망을 한다.

2. 남자처럼 옷을 입는 여자

⇒ 약간 보이시한 스타일을 선호하는 여자들도 있다. 어떤

스타일로 연출을 하느냐에 따라서 그것이 상당히 더 매혹적이고 아름답게 보일 수도 있겠지만, 같은 여자가 봐도 이게 남자인지 여자인지 헷갈리게 하는 경우가 있다. 남성의 이미지를 소유한 여자를 남자는 선호하지 않는다.

3. 게으른 여자

⇒ 게으른 여자는 사회적으로나 남자에게나 좋은 감정을 이끌어내지 못한다. 데이트 시간을 어긴다든지, 데이트를 위해 먼 거리로 가는 것을 귀찮아하는 등 게으른 태도를 보이면 남자들은 실망을 하게 된다.

4. 집착하는 여자

⇒ 여자가 남자의 사생활을 침해하는 것은 호감을 급격히 떨어뜨리는 행위이다. 각종 비밀번호 공유를 강요한다거나, 잠시라도 연락이 안 되면 난리를 치는 여자는 남자로부터 이별을 통보받는 1순위인 것이다.

5. 제멋대로인 여자

⇒ 여자의 잔소리가 도를 넘어 사사건건 지나치게 간섭을 하

게 되면 남자는 질리고 만다. 자꾸만 제멋대로 잔소리를 들어 놓는 여자로부터 사랑이 아닌 구속이라는 느낌을 받을 때 남자는 과감히 여자의 곁을 떠난다.

이제 남자 친구가 '내가 무엇을 하든 말든 관심이 없고, 오히려 짜증만 낸다'면 한 번쯤 자신을 돌아보는 지혜가 필요하다. 혹시 내가 남자 친구에게 실증이 나는 행동은 하지 않았는지…. 돌이켜 생각해 보면 어느 순간 남자가 싫어하는 유형의 여자로 돌변한 자신의 모습이 보일 것이다.

콘돔, 사랑의 과정이다

남자들은 섹스할 때 콘돔을 사용하는 것에 대해 거부반응을 보인다. 콘돔을 사용하면 쾌감을 덜 느끼는 것은 사실이다. 더 나아가 여자의 속살을 직접 느끼며 섹스를 하고 싶기 때문이다. 하지만 여자는 임신에 대한 불안한 마음에 남자에게 콘돔을 사용할 것을 강요하거나 짜증을 낸다. 콘돔을 사용하기 싫어하는 남자에게 이렇게 말해 보라. "이제 내가 해 줄게"라고 말하며, 콘돔의 끝을 입에 물고 남자의 성기에 입김을 불어넣으며 정성스럽게 또는 에로틱하게 씌워 보라. 남자는 그 부드러운 느낌에 더 강렬한 힘을 발휘한다.

대화 속에 숨겨진 섹스의 진실

　남녀 사이의 대화는 서로를 알아가는 과정이다. 대화를 나누며 서로의 성격이나 취향을 발견한다. 상대방의 마음 속 진실을 알아야 더욱 흥미진진한 유혹의 과정을 진행할 수 있기 때문이다.
　남녀가 만난 지 얼마 안 되는 사이라면 보편적인 주제로 접근하는 게 좋다. 남자가 대화를 주도할 때 요즘 여자들의 최고 관심사가 무엇인지를 먼저 알아야 한다. 직장인, 학생 등에 따라 관심사는 모두 다르다. 평소에 여성잡지 등을 찾아 메모해 놓는 습관을 들여야 한다. 여자들의 관심을 가질 수 있는 주제에 관해 익혀 놓는다면 실전에 매우 유용하게 사용할 수 있다.
　패션, 액세서리, 핸드백, 화장품, 여행, 성형, 다이어트 등에 관한 정보는 여성잡지를 들춰보면 해답처럼 명시되어 있다. 이러한 주제로 여자의 호감을 산 뒤 자연스럽게 남자만의 본론으로 들어가는 것이다.
　섹스를 연상시킬 수 있는 대화를 통해 자연스럽게 여자의 성적 취향을 알아볼 수 있다. 이때 주의할 점은 처음부터 욕심을 내지 말라는 것이다. 단계를 정해 서서히 난이도를 높여가야 한다. 단계별 대화의 수위를 소개한다.

1. 둘만의 여행에 관한 이야기

⇒ 해수욕장이나 수영장 데이트를 유도한다. 여자에게 자신의 복근을 보여줄 수 있음은 물론 여자의 비키니 몸매를 실컷 감상할 수 있다. 뜨거운 태양 아래 서로의 몸에 오일을 발라 주는 상상도 이야기 한다. 여자는 즐거운 여행과 자연스러운 스킨십을 생각하며 흥분에 젖게 된다.

2. 커플 마사지에 관한 이야기

⇒ 커플 마사지에 대한 짜릿한 대화를 유도한다. 커플끼리 마사지 받는 이야기를 하며 한번 같이 가보자고 얘기한다. 한 공간에 나란히 누워 받는 커플 마사지는 상상 이외로 짜릿한 경험이 된다. 코스에 따라 서로 탈의를 한 채 마사지를 받는 곳도 있다. 이런 대화를 하며 슬쩍 여자의 어깨를 주물러주면 은밀한 대화를 지속할 수 있다.

3. 직접적인 성 문제에 관한 이야기

⇒ 조루, 발기부전, 섹스리스 부부, 혼전 성관계, 속궁합 등에 관한 이야기를 직접 꺼내 여자의 성에 관한 관념을 알아본다. 이런 이야기들은 인터넷을 통해 쉽게 알아볼 수 있다. 자신

이 알아본 내용을 토대로 일화를 구성한다. 그런 다음 여자에게 화두를 던지며 그녀의 속마음의 변화를 지켜보는 것이다.

이처럼 자연스럽게 섹스를 연상케 하는 대화를 이어 간다면 여자의 섹스 관념에 대해 확실히 알게 된다. 적극적인 대화가 오고간다면 사랑하는 여자와의 섹스에 관해 신중히 진행해볼 필요가 있다.

섹스, 진한 감동을 경험하라

섹스 후 남자는 여자가 만족을 했는지 알고 싶어 한다. "오늘 이 순간을 줄곧 기다렸어"라고 한 마디 해 준다면 남자는 매우 만족해할 것이다. 그런 말을 서슴없이 한다고 해서 여자를 '너무 밝히는 여자'로 오해하는 일은 없다. 오히려 적극적인 반응을 보여준 여자에 대해 더 진한 감동을 느낀다.
또한 자신감이 넘쳐 여자를 더욱 뜨겁게 사랑하게 된다. 남자는 다시 강한 힘을 얻어 곧바로 2차전으로 돌입한다. 남자는 여자하기 나름이다!

기다리는 자, 복이 있나니… - 여자 스스로 'YES' 라고 말하게 하라

　남녀가 서로 싫어하는 스타일에서 살펴보았듯, 남자보다 여자들의 심리가 훨씬 복잡하다. 자신만의 틀에 남자를 가두어 두고 기준을 제시한다. 그렇다 보니 여자를 대함에 있어 더욱 신중할 필요가 있다. 또 여자들은 무엇을 결정함에 있어 신속하거나 과감하지 못하다. 어쩌면 그것은 '가벼운 여자'로 보이지 않으려는 노력과도 같다. 그렇기 때문에 남자는 여자가 마음을 열고 남자를 받아들일 준비가 될 때까지 스스로 인내를 하며 기다려 줄 필요가 있다. 그러면서 여자가 결정을 쉽게 내리도록 곁에서 그에 합당한 명분을 만들어 줘야 한다.
　우뇌가 발달한 여자는 어학에는 소질이 있으나, 수학적인 논리적인 면이 부족하다. 우뇌의 발달은 감성의 발달을 의미한다. 즉 여자는 지금 이 순간의 상황에 따른 감정 변화를 일으킬 뿐이다. 이처럼 자신만의 기준을 세워놓고 그것을 정당화하려 한다. 이는 다른 사람들을 지나치게 의식하기 때문에 생기는 행동의 제약을 의미하기도 한다.
　그래서 여자에게 무엇을 요구한다거나 같이 행동하기를 바랄 때에는 여자 스스로 자신의 행동에 대해 정당성을 부여할 수 있는 계기를 만들어 줘야 한다. 가령 늦은 밤 여자의 집까지 바래다주면서, '오늘 너랑 같이 자고 싶다'고 하면 어느 여자가 '그러자'고 하겠는가. 물론 같이 섹스를 즐기고 싶은 마음도 있을 것이다. 그러나 한 번에 허락을 하면 자칫 '쉬운 여자'로 비칠까 봐 여자는 허락을 하지 않는다.

그러면 어떻게 말을 해야 할까? '네 방 한번 구경하고 싶다. 그리고 네가 직접 타 주는 커피 한잔 마시고 싶다'고 하면 여자로서 거부할 명분이 없다. 사랑하는 남자가 자신의 방을 보고 싶어 하고, 또 자신이 타 주는 커피를 마시고 싶어 하는데, 이를 마다할 여자가 어디 있겠는가. 여자에게 남자를 집으로 끌어들일 수 있는 정당성이 부여된 것이다.

이렇게 말하면 여자도 남자의 속마음을 다 알고 있다. '아, 이 사람이 나랑 섹스를 하고 싶구나' 하고 눈치를 챈다. 어쩌면 여자도 이 순간을 간절히 기다리고 있었는지도 모른다. 이쯤 되면 게임은 끝난 것이다. 여자의 방에 들어가 바로 목적을 달성하면 되는 것이다.

이처럼 여자의 마음을 움직이기 위해서는 사전행동이 우선시되어야 한다. 여자에게 명분을 주어 스스로 자신의 모든 것을 허락할 수 있기를 기다려야 한다.

남자가 섹스하기 싫어하는 여자는

본능적인 삶에 충실한 남자들도 모든 여자와 섹스를 즐기고 싶어 하지는 않는다.

남자들은 대체로 '야한 여자'와 '밝히는 여자'와의 섹스를 좋아하지 않는다. 야한 여자에게 성적 매력을 느끼지 못하기 때문이며, 밝히는 여자에게서 순수한 매력을 느끼지 못하기 때문이다. 이처럼 남자는 섹스에 관해 이중성을 지니고 있다.

남자가 가장 섹스를 하고 싶어 하는 여자는 '섹시한 여자'다. 아무리 섹시한 여자라도 지나치게 들이대는 ' 여자에게는 거부감이 생긴다. '벗을까 말까', '한번 줄까 말까' 등의 남성 심리를 시험하는 여자에게 남자는 강렬한 섹스 욕구를 느낀다. 남자들이 좋아하는 섹시한 여자는 전형적이지 않으면서 신선한 자극을 주는 여자다.

남자는 항상 '순결한 여자'와의 섹스를 꿈꾼다. 다른 남자의 손길이 한 번도 닿지 않은 은밀한 부분에 혀끝을 대고 싶어 한다. 그리고 섹스에 대한 호기심으로 가득 찬 남자는 항상 새로운 여자와의 섹스를 갈망한다.

6장

준비된 자만이 쟁취할 수 있다

유혹하는 자 VS 유혹받는 자의
속마음 들여다보기

사람은 누구나 끊임없이 누군가를 유혹하게 되고, 또 유혹의 대상이 된다. 일단 유혹에 성공하려면 상대가 어떤 유형의 사람인지 먼저 파악해야 한다. 그것은 어쩌면 모험이고, 관심이며, 로맨스가 된다. 이와 반대로 정신적·육체적 상처가 될 수 있고, 외설스런 경험을 하게 될 수도 있다. 상대방의 유형에 대해 얼마만큼 분석을 하고 접근하느냐에 따라 모든 것은 결정된다.

상대방의 유형을 잘 판단한다면 내가 필요한 것을 손에 넣을 수도 있고, 상대방의 부족한 면을 대신해 줄 수 있다. 다만 눈에 보이는 겉모습 뒤에 숨겨진 내면을 파악해야 한다. 못생긴 사람이 개그맨의 꿈을 품고 있을 수 있고, 험상궂게 생긴 사람이 요리사의 꿈을 이루고 싶어 할 수도 있다.

여기서 중요한 것은 자신과 정반대의 유형을 유혹하라는 것이다. 그래야만 호감을 느끼고 서로의 빈자리를 채워줄 수 있다. 일반적으로 볼 때 사람은 자기와 비슷한 유형의 사람에게서 별다른 호감을 느끼지 못한다.

준비된 자만이 풍요로운 결실을 얻을 수 있는 것이다. 다양한 유혹의 대상에 대해 살펴보고 익혀두자.

1. 내숭 뒤에는 탈선의 충동이 있다.

　겉으로는 순해 보이나 속으로는 엉큼한 사람을 보고 내숭을 떤다고 한다. 주변에서 흔히 찾아볼 수 있는 이 유형의 사람들은 타인의 시선을 두려워한다.
　그렇기 때문에 항상 완벽하게 보이려 노력을 한다. 기준, 가치, 선, 도덕과 윤리 등에 몹시 치중하는 것처럼 보인다. 하지만 항상 탈선의 충동을 느끼며 살아간다. 유행에 한발 물러선 수수한 옷차림을 좋아한다.
　이들은 단조로운 일상을 사는 것처럼 자신만의 우월감에 도취되어 있다. 그래서 남을 판단하고, 비판하고, 몰아세우기를 즐긴다. 또 올바른 행동을 하지 않는 사람들을 보면 겉으로는 증오하면서, 내심 관심을 갖고 그와 같은 행동을 해 보고 싶은 충동을 강하게 느낀다.
　이러한 심리를 잘 이용해 유혹에 나선다면 그리 어려운 상대는 아니다. 일단 상대에게 우월의식을 심어 줘야 한다. 상대방의 비판에 무조건 동의하고 인정해 주는 것이 좋다. 내숭 떨기를 좋아하는 사람은 상대방이 자신의 말에 귀를 기울여 주는 모습을 볼 때, 비로소 마음의 경계를 스스로 허문다. 한 번 열린 마음은 그동안 억누르고 있던 감정의 분출로 이어진다.

2. 몽상가는 낭만을 즐긴다

실현 가능성이 없는 헛된 생각을 즐기는 사람들이 있다. 유년기를 혼자 보냈던 사람들에게서 이 유형을 쉽게 찾아볼 수 있다. 혼자 영화를 보고, 혼자 음악을 듣고, 혼자 인생을 즐기며 환상에 젖어 살아간다. 이러한 삶은 현실과의 괴리감 때문에 스스로 지치게 만든다. 현실에 대한 불만으로 항상 낭만적인 이상을 품고 살아간다.

짜릿한 연애를 경험하는 사람들에 대한 동경심은 있으나, 현실 속에서의 결혼이나 연애에 관해 적극적인 관심을 보이지는 않는다. 이들의 내면은 항상 실망과 불만으로 가득 차 있다.

이런 유형의 사람을 유혹한다면 대게 성공적이 될 수 있다. 마음속에 가득 품은 뜨거운 열정은 매력적인 상대를 만나면 거침없이 타오른다. '신비로움'과 '낭만'적인 모습을 보여준다면, 이들은 뛰어난 상상력으로 상대를 판단하고 즉각 반응한다. 그 다음은 이들이 모두 알아서 진행한다. 그만큼 내면적인 열정이 강하다는 의미다.

현실보다는 환상! 그 환상이 무너지지 않도록 철저히 준비해야 한다. 낭만을 즐기는 사람이라면 과감히 도전해볼 필요가 있다.

3. 응석받이에게는 부모가 필요하다

응석을 부리는 아이는 부모가 자신의 고민 해결과 즐거움을 채워 주기 위해 존재한다고 믿는다. 그러면서 한껏 게으르고 나태한 생활을 이어 간다. 부족한 것 없이 곱게 자란 사람들이 이 유형에 속한다. 이런 유형의 사람은 마치 어린아이와 같다. 혼자 있으면 늘 심심해하고 잠시도 한 곳에 정착하지 못한다.

모든 것에 대해 쉽게 실증을 느낀 나머지 친구 및 직장이 자주 바뀐다. 철없는 아이처럼 늘 새로운 것을 추구하기 때문이다. 신비로운 분위기를 연출하며, 늘 색다른 경험을 제공해 줄 수 있다면, 이 유형의 사람을 유혹하는 것은 문제가 되지 않는다. 끊임없이 색다른 면을 보여주고 놀라움을 제공해야 한다. 새로운 장소, 새로운 음식, 새로운 선물, 새로운 스킨십 등 멋진 경험을 느끼게 해 줘야 한다.

이들은 어린아이처럼 의지하고 싶어 하는 심리가 강하다. 그러므로 적절한 즐거움만 줄 수 있다면 큰 어려움은 없다. 부모와 같은 너그러운 마음으로 이해하고 안아줘야 한다. 그러면 늘 기쁨을 안겨준다. 상대를 공주나 왕자처럼 떠받들며 살아갈 자신이 있다면 과감히 유혹하라.

4. 정복자를 정복하려면 전략이 필요하다

상대를 눌러야 직성이 풀리는 사람들이 있다. 정복 욕구가 강한 사람은 대게 정력도 강하다. 이들은 힘으로 승부를 하려는 경향이 두드러진다. 장애물 따위는 이들에게 두려움의 대상이 아니다.

생활 속에 숨어 있는 정복자를 찾아내려면 우선 그들의 인간관계를 유심히 살펴봐야 한다. 일상생활에서 수단과 방법을 가리지 않는 습성 때문에 일을 처리함에 있어서도 강한 힘을 발휘한다. 일단 상대방의 약점을 발견하면 맹수가 먹잇감을 가로채듯 자신의 욕심을 채워버린다. 그리고 미련 없이 떠난다. 이는 새로운 대상을 물색하기 위함이다.

이 유형의 사람을 유혹하려면 저항하는 힘이 강해야 하며, 곳곳에 장애물을 설치할 수 있는 지혜가 필요하다. 그들의 의도에 반하는 행동도 서슴지 않아야 한다. 전략을 세워 적당히 거부도 하며, 계략을 부려가면서 상대해야 한다. 처음에는 독기 오른 황소처럼 이리저리 날뛸 것이다. 제멋대로 돌진하고 여기저기 부딪치다가 결국 제풀에 지쳐 쓰러지고 만다. 그 후부터는 아주 순종적으로 변한다.

5. 풋내기는 세상 경험이 부족하다

세상 경험이 부족해 모든 일이 서툰 풋내기는 연애에 있어서도 아는 바가 없다. 그렇기 때문에 지극히 순진하고 착하다. 그러나 이들은 자신의 그런 모습에 싫증을 느낀다.

세상의 쓴맛과 단맛을 보여주고 경험할 수 있도록 도와주는 게 유혹의 절대적인 키워드다. 이 기술만 잘 구사한다면 풋내기를 유혹하는 것은 성공적일 수밖에 없다. 자신의 경험으로 새로운 세계를 보여주고 스스로 경험할 수 있는 기회를 제공한다면 자연스럽게 관심을 보인다.

 인생의 밝은 면과 함께 어둡고 추악한 면까지 골고루 경험하게 해 준다면 이들은 곧 깊은 유혹에 빠져든다. 이때 중요한 것은 상대를 향한 세심한 배려와 달콤한 속삼임이다. 그러면 이들은 감탄에 빠지고 만다. 이들은 사리를 분별할 수 있는 판단력이 부족하다. 마음을 열고 다가오면 그냥 안아 주면 된다.

6. 식상함을 느낀다면 늘 새로움을 추구해야 한다

 모든 것에 항상 식상함을 느끼며 항상 새로운 것만을 추구하는 사람들, 이들의 욕구를 충족시키는 데는 분명 한계가 있다. 삶의 새로운 측면에 대해 항상 갈구한다는 것은 스스로 공허함을 느끼며 살고 있다는 것이다.

 그 공허함을 달래기 위해 혼자 여행을 떠나기도 한다. 해외 여행을 가면 새로운 물건에 빠져 사게 되며, 다른 나라의 문화에 심취하는 경향이 두드러진다.

 이 유형의 사람들은 대게 반항적인 기질을 보유하고 있다. 이런 유형을 유혹하려면 항상 자신의 이색적인 면을 보여줄 수 있는 능력을 갖추어야 한다. 데이트 장소, 외모, 패션, 대화

등에 대해 매번 색다른 가치를 부여해야 한다. 이것만 제공해 준다면 그 이후에는 이들 스스로 알아서 생각하고 판단한다. 이들은 의외로 쉽게 현혹되기 때문이다.

그러나 쉽게 즐거워하고 관심을 보이다가도 이내 식상함을 느낀다. 또 무언가 색다른 것을 요구한다. 그만큼 심리적으로 불안정하다는 것이다. 이들은 가장 달갑지 않은 유혹의 대상으로 여겨진다.

7. 지성인은 육체적 즐거움에 쉽게 빠진다

대표적인 지성인으로 학자 등을 꼽을 수 있다. 주변에서 접하는 모든 것을 분석하고 비평을 해야 직성이 풀린다. 그런 반면 주변으로부터 쉽게 자극을 받아 육체적인 열등감에 사로잡혀 있는 경향이 강하다. 이런 심리를 정신적으로 보상받고자 한다. 그렇기 때문에 상대를 얕보고, 무시하고, 밟아보려 하는 태도를 보인다. 그렇다 보니 스스로 자신의 정신세계에 혐오감을 느낀다.

이러한 현실을 탈피해 육체적 즐거움을 추구하려는 성향이 강하다. 그들은 이것을 지극히 '순수'한 것이라고 위안 삼는다. 이들도 겉으로는 지성이 가득한 것처럼 보이지만, 마음속에는 늘 불안한 심리가 작용하는 것이다.

이들은 자신을 귀족처럼 대단한 사람으로 떠받들어 주면 금세 유혹에 빠지게 된다. 자신의 우월감에 도취되어 스스로 착각의 세계에서 헤어 나오질 못한다. 그렇기 때문에 이들을 유혹을 하는 데 있어 짐짓 부족한 면을 드러내 쉽게 호감을 얻을 수 있다. 이와 함께 육체적인 자극과 즐거움을 동시에 제공한다면 유혹은 성공한 것이다. 그러나 이들은 마조히즘적인 성향이 강해 이성으로부터 정신적·육체적 학대를 받는 데서 성적 쾌감을 느끼는 변태 성욕자인 경우가 흔하다.

8. 비극적인 삶에는 쾌락이 따른다

비극을 즐기는 사람들, 삶의 권태로움으로부터 벗어나고 싶은 욕망이 강하다. 비극의 중심에서 자신의 욕망을 불태운다. 이런 유형의 사람들은 상대방의 불평불만을 통해 쾌락을 느낀다. 즉, 다른 사람의 고통은 이들에게 희열을 안겨준다.

따라서 이런 유형을 유혹하려면 눈앞에서 자신이 갖고 있는 불평과 불만을 모조리 쏟아내면 되는 것이다. 명심해야 할 것은 이들에게 절대 자상하고 친절한 태도를 보이면 안 된다는 것이다. 오직 불평과 불만만이 이들에게 흥미를 제공하기 때문이다.

계속해서 정신적 학대를 원하는 이들에게 다가서기 위해서는 다양한 상황을 만들 수 있어야 한다. 그러나 이러한 관계를 지속하기 위해서는 유혹자가 감당해야 할 고통이 너무 크다는 것을 알아야 한다.

9. 미인은 칭찬을 먹고 자란다

여자의 외모는 항상 남자들의 시선을 한 몸에 받는다. 아름다운 여자를 바라보는 것만으로도 남자들의 욕망은 끓어오른다. 남자들의 설레는 마음. 미인은 그것을 원한다. 또 남자들이 자신의 외모에만 집중하는 것에 대해 거부감을 느끼기도 한다. 그래서 항상 외롭고 쓸쓸한 삶을 살아가며, 자신의 매력이 사라져간다는 것에 대해 늘 불안한 마음을 감추지 못한다.

이러한 미인의 심리를 잘 파악한다면 비교적 쉽게 유혹할 수 있다. 미인의 외모는 이미 많은 사람들이 인정하는 사실이다. 본인 스스로도 그것을 잘 알고 있다.

미인을 유혹하기 위한 전략으로는 '새로움에 대한 칭찬'이다. 이를테면 그녀의 성격, 취미, 특기, 지성미 등 다른 사람들이 미처 발견하지 못한 세밀한 부분에 대해 칭찬을 해 주는 것이다. 그렇다고 예쁜 얼굴에 대한 칭찬을 망설여서는 안 된다. 그녀를 미모와 지성을 겸비한 최고의 아름다움으로 극찬해야 한다는 것이다. 이로써 그녀의 불안과 갈등을 모두 해소해 줄 수 있는 것이다.

그동안 외모에만 관심을 받았던 여자는 지적인 부분까지 인정을 받게 되어 하늘을 나는 심정이 된다. 여기서 멈추면 절대 안 된다. 그녀를 더 깊이 빨아들이기 위해서는 적절한 전략이 필요하다. 갑자기 냉정한 태도로 돌변해 그녀 스스로 다가오길 기다려야 한다. 또 칭찬과 관심을 보여 그녀에게 확신을 심어 줘야 한다.

10. 구원자는 지배욕도 강하다

 약한 사람을 불쌍하고 가련하게 여기는 사람은 굉장히 헌신적인 사랑을 쏟는다. 그러나 이 '헌신적'이라는 말에는 '순수한 마음'과 '우월감'이 항상 함께 작용한다. 즉, 나보다 못한 사람을 돕는다는 순수한 마음과 함께 저 사람보다는 내가 더 우월하다는 자만심이 싹튼다. 그로 인해 상대를 지배하고자 하는 야욕도 강하다.
 이들은 주로 문제가 있거나 자신에게 의지하려는 사람들에게 관심을 보인다. 그러면서 자신의 일처럼 적극적으로 헌신하는 보호본능을 발휘한다. 이런 유형의 사람을 유혹하기 위해서는 먼저 자신의 약점을 과감하게 드러내는 것이 중요하다. 슬픔, 고통, 실패 등 동정심을 유발할 수 있는 상황을 전개해야 한다.
 구원자로서의 우월감에 빠져 있는 이들은 기꺼이 유혹의 손길을 잡는다.

11. 철부지에게는 애정이 필요하다

 나이를 먹어도 철없는 행동을 하는 사람들이 있다. 나이에 걸맞지 않게 행동하는 것은 물론 책임감도 없다. 모든 일을 가볍게 생각하고 즐기려 한다. 경우에 따라 매력으로 평가되고 재미있는 사람으로 인식될 수 있지만, 결국 개념이 없는 사람으로 치부된다.

 이런 유형의 사람들은 자기중심적인 성향이 강해 무조건적인 애정을 쏟아 부어야 유혹하기가 편하다. 또한 그 사람의 행동 하나하나에 대한 비판과 주의보다는 모든 것을 들어주고 이해할 수 있는 믿음직스러운 모습을 보여줘야 한다.

 이런 유형의 사람은 연애 초기에는 즐거움을 줄 수 있지만, 철없는 어린아이 같은 성향으로 인해 유혹자가 쉽게 지치고 만다.

12. 방탕함 뒤에는 잃어버린 순진함이 있다

 주색잡기에 빠져 행실이 좋지 못하거나, 마음이 들떠 갈피를 잡지 못하는 사람도 철이 들면서 잃어버린 추억을 찾고 싶어 하는 순진한 면이 있다.

 세상을 향해 비웃고 있는 이들은 웬만해서는 호감을 느끼지 못한다. 이는 지난 날 풍요롭게 살아온 삶에 대한 연속적인 과정으로 볼 수 있다. 이런 유형의 사람들은 어리고 순진한 사람들에게 매력을 느낀다. 그래서 탁월한 유혹의 기술을 사용하기도 한다.

'순진'한 모습은 이런 사람들을 유혹하는 데 있어 최대의 무기로 작용한다. 어린아이의 생각과 행동을 보여줌으로써 강한 호감을 이끌어낼 수 있다. 이와 반대로 이들을 향한 '거부'의 몸짓도 강한 매력으로 작용한다. 그러나 늘 일정한 거리를 두고 접근해야 한다. 조금이라도 경계심을 늦추고 속도를 가속화한다면 위험에 처하기 쉽다.

13. 누군가를 숭배한다는 것은 내면의 공허함 때문이다

종교에 집착한 사람들을 보면 내면의 공허함에 시달리는 경우가 많다. 심리적인 결핍으로 늘 자신에게 만족하지 못하기 때문에 그 텅 빈 공간을 채워줄 우상을 찾는 것이다. 자기보다 위대한 우상 숭배를 통해 자신의 내면을 달래고 공허함을 채워간다.

이들을 유혹하기 위해서는 강한 힘을 보여줄 수 있는 우상이 되어야 한다. 결점이나 약점이 전혀 없는 완벽한 존재여야 한다는 것이다. 종교적 위치에서 모든 걸 판단하고 이끌어 줄 수 있는 강인한 전략이 절실히 필요하다. 이와 함께 낭만적인 전술을 적절히 구사한다면 유혹의 성공을 기대할 수 있다.

절대로 칭찬을 하면 안 된다. 어디까지나 우상화되어 이들로부터 존중을 받는 위치에 서야 하기 때문이다. 그러나 이들은 자신이 숭배하는 대상을 쉽게 바꾼다는 점을 미리 알아야 한다.

14. 감각적인 사람에게는 세심한 관심이 필요하다

매사에 아주 예민한 반응을 보이는 사람에게 다가서기란 만만치가 않다. 환경 변화, 유행 등에 민감하며 즉각적인 반응을 보인다. 잠자리가 바뀌면 좀처럼 잠을 이루지 못하고, 방안에 햇빛이 가득해야 마음이 편하며, 옷의 색깔이나 스타일에 집착하는 등 일반인들이 이해하기 힘든 부분이 있다. 그러나 이들은 색감이나 향기 하나에 쉽게 반응하여 흥분에 빠지기도 한다.

이런 감각적인 욕구를 충족시켜줄 수 있다면 과감히 유혹하라. 자연의 정서를 고스란히 느낄 수 있는 아름다운 곳에서 데이트를 즐긴다거나, 떨어지는 낙엽을 두고 삶의 가치를 논한다거나…. 이런 세심한 감각에 관심을 기울여 접근한다면 쉽게 성공할 수 있다.

작은 것에도 많은 관심을 보여야 한다. 화려한 액세서리의 색감이나 코끝을 자극하는 꽃의 향기로 얼마든지 자극할 수 있다. 색깔과 향기에 쉽게 말려들어 깊이 빠져든다.

이런 유형의 사람들은 비교적 온순한 성향을 지니고 있어 자신이 원하는 것을 제공하는 사람에게 매력을 느낀다.

15. 권력 뒤에 숨은 고독을 품어야 한다

　권력을 가진 사람들은 의심이 많아 남을 쉽게 믿지 못하는 경향이 있다. 주위에 늘 꼬이는 아첨꾼들을 상대하며, 때론 무섭다는 인상을 주기도 한다. 그 두려움으로 인해 사람들이 선불리 다가가지 못한다.
　그래서 이들은 항상 고독을 느끼며 살아간다. 누군가가 나타나 자신을 위로해 주고, 애정 어린 손길로 보듬어 주길 바란다. 만약 육체적인 욕구를 제공하기 위해 접근한다거나, 아첨을 앞세워 다가간다면 바로 경멸을 당한다.
　이런 유형의 사람들을 유혹하기 위해서는 그들과 대등한 위치이거나, 그보다 높은 지위를 이용해 접근해야 한다. 절대 머리를 숙여서는 안 된다. 오히려 두 눈을 마주 대하고 당당하게 상대하는 게 유리하다. 두 손바닥을 보여 아무런 사심이 없음을 증명해야 한다.
　그러면 이들은 약간의 실망과 고통을 느낀다. 이때 더 가까이 다가가 부드럽게 품어 줘야 한다. 권력으로 인한 우월감에 사로잡힌 이들은 편안하게 기댈 언덕이 필요하다.
　유혹에 성공한다면 어깨를 빌려 주는 대신 상당한 권력을 차지할 수 있다.

유혹이란 누구에게나 만족스러운 삶을 건네주기 위한 것이다. 그게 현실이든 환상이든 중요하지 않다. 거기에서 만족감만 충족할 수 있다면 기꺼이 호감을 갖는다.

사람들은 언제나 유혹의 손길을 기다린다. 이처럼 다양한 유형의 심리를 잘 파악한다면 성공적인 유혹을 기대할 수 있다. 그러기 위해서는 겉으로 드러난 사실보다 그 이면에 숨은 진실을 꿰뚫어볼 수 있는 지혜가 절실히 요구된다.

좋아한다고 말할까? 사랑한다고 말할까?

고백은 남자가 해야지! 많은 여자들이 이러한 생각을 하고 있다. 이것은 여자의 본심이다. 그러나 직접적인 대화가 아닌 우회적이 언어 전달을 통해 두근거리는 속마음을 충분히 전달할 수 있다.

전화통화를 할 때, "난 너랑 통화하는 순간이 가장 즐거워"라고 말하면 남자는 감동을 받게 된다. 또 단 둘이 커피를 마신다든가 식사를 할 때, "난 너랑 같이 있으면 정말 행복해"라고 말한다면 남자의 마음을 확 끌어당길 수 있다. 이처럼 우회적인 언어 전달은 여자의 자존심을 다치지 않고 효과적으로 고백을 할 수 있게 만드는 전략이다.

카리스마에 중독되는 순간 더 이상의 유혹은 없다

　카리스마는 지도자의 전유물이 아니다. 상대를 끌어당기는 강한 흡인력! 그것은 강한 카리스마에서 나온다. 자기 자신에 대한 확신, 거칠 것 없는 대담성, 기회를 포착하는 침착성이 갖추어진 사람만이 강렬한 카리스마를 발산할 수 있는 것이다. 상대가 카리스마에 중독되는 순간 유혹은 성공한다. 남다른 자신감에 이끌리는 것이다. 별다른 노력 없이 자신의 매력을 자연스럽게 연출할 수 있다. 그러기 위해서는 기본적인 자질을 연마할 필요가 있다.

　첫째, 분명한 목적의식이 있어야 한다.
　상대를 유혹하려면 분명한 목적에 대해 알려줘야 한다. 확고한 믿음을 줄 때 상대는 그 자신감에 빠져들고 만다.

　둘째, 신비로움으로 무장해야 한다.
　유혹하는 대상과 일정한 거리를 두고 속마음을 감춰야 한다. 자신의 행동에 대해 상대가 예측할 수 없도록 만드는 것이 무엇보다 중요하다. 이러한 신비로움은 카리스마로 완성된다.

그래서 사람들은 카리스마가 강한 사람에게 호감을 느낀다.

셋째, 성스러움으로 포장하라.
자신의 이상과 가치가 성스럽게 보이도록 노력해야 한다. 종교지도자다운 성스러움은 상대에게 강한 인상을 심어 준다. 그것은 불의와 절대 타협하지 않는 강한 신념이 있기 때문이다.

넷째, 말에 힘을 담아라.
말을 할 때는 항상 조리 있고 당당하게 표현해야 한다. 상대방의 감정을 자극하는 결정적인 요소가 바로 말이다.

다섯째, 무대 위의 배우가 되어라.
무대 위에 선 자신의 모습은 현실보다 크게 보인다. 무대에서 관중을 내려다보듯, 차분하게 상대를 살펴본다. 상대는 확신에 찬 모습을 보며 호감을 느낀다.

여섯째, 열정적인 신념을 갖춰라.
상대를 향한 열정과 흔들리지 않는 신념을 보여줄 때 유혹은 성공할 수 있다. 특히 소외감을 느끼고 있는 사람이라면 쉽게 빠져든다.

일곱째, 과감하고 용기 있게 행동하라.

관습에 얽매일 필요는 없다. 모험과 스릴을 만끽하듯 과감하고 용기 있는 모습을 보여줘야 한다. 필요에 따라 위험을 감수할 수 있다는 인상을 남겨야 한다.

여덟째, 눈빛으로 상대를 끌어당겨야 한다.

눈은 강한 유혹의 힘을 발휘한다. 기쁨, 슬픔, 흥분, 두려움 등 다양한 감정을 표현하는 게 바로 눈빛이다. 상대방의 눈을 바라보면 그 사람의 감정을 읽을 수 있다. 상대를 바라보는 강렬한 눈빛은 유혹을 성공으로 이끌어 준다.

장거리 연애?
그건 위험해!

장거리 연애에는 커다란 함정이 있다. 그만큼 헤어질 확률이 높다는 말이다. 그런데도 장거리 연애에 확신을 갖고 있다면, 그것은 서로 떨어져 있는 상태가 좋다는 의미다. 사랑을 발전시키기 위해서는 어떻게든 환경을 바꿔야 한다.

장거리 연애의 특성상 둘이 머무르는 공간은 호텔, 레스토랑 등 길거리에 한정돼 있다. 이런 식의 만남은 시간이 흘러도 제자리를 벗어나지 못한다. 둘이 함께 사는 공간을 설계할 여유가 없어진다. 그러한 상상이 없다면 상대방의 마음을 움직일 감동도 없는 것이다.

장거리 연애를 성공적으로 이끌려면 상대방의 집에서 함께 머무는 것이다. 함께 휴식하며, 직접 요리를 해먹는 등 함께 하는 즐거움을 느껴야 한다. 함께 한다는 것은 가족과 같다는 인식을 심어 준다. 멀리 떨어져 있는 순간에도 함께 할 순간이 그리워진다는 것! 그 또는 그녀가 떠난 빈자리를 항상 바라본다는 것은 행복을 위해 뭔가 부족한 상태를 만들어두는 것이다.

뜨거웠다가 차가워지는 도발적인 유혹

자신의 욕망을 천천히 조절할 수 있어야 유혹에 성공할 수 있다. 상대가 유혹에 빠지기를 인내심을 갖고 기다려야 한다. 뜨거웠다가 다시 차가워지고, 당겼다가 밀어 주는 전략을 잘 구사해야 한다. 이것이 사람의 감정을 사로잡는 능력이다.

쾌락과 행복을 주지만 한꺼번에 주지 않고, 명예와 권력을 약속하지만 쉽게 손에 넣지 못하도록 한다. 그 본질은 차갑고 일정한 간격을 유지하지만, 강한 흡입력을 발휘한다.

한 사람을 오래 만나다 보면 그 사람의 모든 것을 알게 되어 싫증을 느끼기 마련이다. 그러나 도발적인 유혹으로 접근하면 상대가 이용당하고 있다는 느낌을 받으면서도 애간장을 녹이게 된다. 조제핀과 나폴레옹의 관계를 통해 이 사실을 증명할 수 있다. 조제핀은 나폴레옹을 이용하면서도 그를 자신의 곁에 붙잡아두었다.

누군가가 자신에게 노골적인 관심을 보인다면, 오히려 스스로 한발 물러서게 된다. 지나친 관심은 흥미보다는 두려움을 갖게 한다. 그러므로 적극적인 감정 표현이 이성의 호감을 살 수 있다는 그릇된 생각은 일찌감치 버려야 한다.

적절한 상황에 맞추어 차갑게 반응하고, 화를 내면서 상대를 긴장하게 만들어야 한다. 이 전략은 상대방의 호기심을 자극하기에 충분하다. 또한 신비감을 주어 상상력을 지배할 수 있다.

상대가 손아귀에 들어왔다 싶으면 한발 물러서는 것이다. 이러면 상대는 그 간격을 좁히기 위해 매우 불안해한다. 그것은 이별에 대한 두려움이다. 그렇기 때문에 상대방의 호감을 얻기 위해 끊임없이 노력을 한다.

요부들의 특성이 이러하다. 남자를 벗겨 놓고 위로 올라가 적극적인 자세를 취하지 않는다. 서서히 세심한 행동을 통해 오히려 사내의 애간장만 녹인다. 벗을까 말까, 줄까 말까를 반복하며 상대를 더욱 뜨겁게 만든다. 이처럼 유혹이란 요부들의 도발적인 행위와 같다. 이것이 바로 상대방의 마음을 확실히 움켜쥐는 전략이다.

그러기 위해서는 상대가 뜨겁게 반응할 수 있는 여건을 갖추어야 한다. 부와 권력, 섹시, 정력 등 상대방의 호감을 살 수 있는 능력을 먼저 다져야 한다. 그리고 절대 자신의 속마음을 내비쳐서는 안 된다. 모든 것을 한꺼번에 다 보여주기보다 양파 껍질을 벗기듯 지속적인 인상을 줘야 한다.

이 유혹에 빠져본 사람이라면 그 쾌락의 깊이를 알 것이다. 뜨거웠다가 다시 차가워지는 도발적인 유혹 뒤에 숨은 쾌락은 한 번 맛보면 그 맛을 영원히 잊을 수 없게 된다.

섹스 후 1초의 유혹

섹스 후 1초! 이 시간은 둘만의 사랑을 다시 확인하는 시간이다. 뜨겁게 사랑을 나눈 후 허탈함과 함께 불안감이 밀려온다. 이것은 남자와 여자 모두 느끼는 공통된 감정이다. 격렬하게 섹스를 했어도 상대가 만족해하는지 의문이 들기 때문이다. 남자의 귀에 대고 속삭여라.
"오늘 느낌 어때?"
"난 너랑 섹스 하는 시간이 가장 행복해."
섹스를 하는 도중에 속삭여도 좋다. 남자는 자신감에 흠뻑 젖어 더 깊고 뜨겁게 당신을 사랑할 것이다. 섹스로 남녀는 진정 하나가 되는 것이다.

환상과 현실을 넘나드는
스타 이미지 구축

사람은 누구나 현실을 탈피하고자 하는 욕망이 가득하다. 그러면서 자연스레 환상과 꿈을 열망하게 된다. 그래서 일명 스타들의 외모와 패션을 바라보는 시선이 뜨거울 수밖에 없다. 이들은 현실과 일정한 거리를 유지한 채 꿈과 환상이라는 무기로 현실 뒤에 숨어버린다. 환상을 좇는 스타들의 연기에 사람들은 호기심을 보이는 것이다.

이처럼 무지갯빛 환상으로 무장한 채 유혹의 힘을 발휘한다면 놀라운 효과를 얻을 수 있다. 유혹이란 사람의 무의식을 자극해 호감을 이끌어내는 행위인 것이다. 결국 유혹의 성공은 무의식의 자극으로 결정된다. 직접적인 메시지로는 절대 상대방의 마음을 움직일 수 없다. 오히려 거부반응만 부추길 뿐이다. 주변에 보면 자신이 원하는 바를 그대로 표출하는 경우를 종종 볼 수 있다. 속마음을 그대로 드러내서는 절대 상대를 유혹할 수 없음을 깨달아야 한다.

상대방의 무의식을 자극해 유혹을 성공시킬 수 있는 전략을 구사해야 한다. 현실과 동떨어진 분위기를 만들면서 영화나 드라마를 통해서만 느낄 수 있는 환상적인 메시지를 심어 줘야 한다. 즉, 영화나 드라마를 통해 바라본 꿈과 환상이 현실 속에서 그대로 드러날 수 있음을 인식시켜 줘야 한다는 말이다. 현실 속에서 환상과 꿈을 적절히 배합해 신비로움을 전함으로써 유혹의 힘을 발휘할 수 있다.

스타들의 말과 행동, 그리고 그들의 표정과 스타일 등을 적절히 구사한다면 상대로부터 강한 호감을 이끌어낼 수 있다. 좀더 확실한 효과를 거두려면 이들보다 더 큰 느낌을 안겨 줘야 한다. 특히 외모나 스타일에서 스타를 뛰어넘는 감각을 연출할 필요가 있다. 무언가 공허한 듯하면서도 신비로운 표정으로 다가서야 한다. 이는 상대방의 상상력을 자극해 깊은 관심을 불러일으킨다. 그렇다고 해서 짐짓 과장된 모습을 연출하거나 자신의 속마음을 드러내는 어리석은 짓은 하지 말아야 한다. 그저 애매모호한 분위기를 이끌어 상대방의 상상력을 자극해야 한다.

유혹에 성공하려면 자신의 모습을 돋보이게 만들어야 한다. 눈빛, 목소리, 제스처, 걸음걸이 등을 통해 상대방의 이목을 집중시켜 미묘한 분위기를 연출해야 한다. 상대는 유혹자의 이런 모습을 바라보며 모방하려 하고, 호기심을 갖고, 결국은 매혹된다. 그러면서 대리만족을 경험하게 된다.

사람들은 서로의 생각을 모르기 때문에 어차피 인생은 일종의 연기라고 볼 수 있다. 겉으로 드러난 이미지만으로 상대를 분석할 수밖에 없는 것이다. 그렇기에 자신의 모습을 객관화하여 사람들에게 보여줘야 하는 것이다. 그러면서 끊임없이 자신의 이미지를 만들어내며 상대방의 기억 속에 깊이 각인될 수 있도록 지속적인 노력을 기울여야 한다.

드라마의 명장면을 연출하라

관심이 있는 남자와 대화를 나눌 때 영화나 드라마의 명장면을 떠올려봐라. 특히 키스신이나 러브신에 관해 대화를 이끌어 가다 보면 남자의 호기심을 유발할 수 있다. 한때 '아이리스' 라는 드라마를 통해 이병헌과 김태희의 '사탕키스' 가 화제가 된 적이 있다. 이 드라마를 본 대다수의 남녀가 '사탕키스' 를 통해 더 가까워졌다는 보고도 있었다.

최근 영화나 드라마에서도 연인들의 사랑법은 새로운 시도를 하고 있다. 남자를 자극하기 위해서는 자신이 영화나 드라마 속의 여주인공이 되어 짜릿한 스릴을 즐기는 것이다. 현실과 환상의 거리는 그리 멀지 않다. 서로의 사랑으로 충분히 좁힐 수 있는 간격이다. 사랑하는 그가 지금 곁에 있다면 바로 연기자로 변신해 명장면을 연출하라. 남자는 신비로움을 자극하는 당신에게 즉시 매혹된다.

매력적인 당신을 유혹하려면 비법은 하나?

상대가 진정 원하는 게 무엇인지 생각해 본 적이 있는가? 사람은 누구나 자신이 원하는 것을 얻으려고만 하지, 상대가 무엇을 원하고 있는가에 대해서는 관심도 없다. 세상을 살아가면서 상대가 무엇을 원하는지 알고, 그것을 바로 제공해 준다면 그 사람은 반드시 성공적인 삶을 살아갈 것이다.

남녀 관계에 있어서도 마찬가지다. 여자가 원하는 게 무엇인지 정확히 파악한 후 그에 부응하려 노력한다면 그녀를 유혹하는 것은 시간문제. 여자의 성향과 취향에 맞춰 데이트 계획을 잡는다면 여자는 이미 당신의 품안에 들어와 있는 것이나 마찬가지다. 자신이 어떠한 장점을 갖추고 있든 무조건 여자가 원하는 방향에 맞추어야 한다. 재벌 2세, 연예인, 의사 및 법조인 등 뛰어난 재력과 명예를 갖고 있다면 또 모를 일이다. 그렇지 않고서는 여자가 가려워하는 곳을 찾아 제때 긁어 주어야 한다.

대다수 여자들은 남자의 성격과 능력, 그리고 외모를 중요시한다. 즉, 매력적인 여자를 유혹하기 위해 남자가 갖추어야 할 것이 자상한 성격과 탁월한 능력, 그리고 출중한 외모라는 것이다. 성격은 사랑하는 여자에게 충분히 맞출 수 있다고 본다. 그러나 문제는 능력과 외모. 이 두 가지는 하루아침에 해결되는 것이 아니다. 그렇기 때문에 여자 앞에서 자신의 능력을 지나치게 과시하지 말 것을 경고한다.

처음 만난 여자에게 자신의 미래에 대해 거창하게 설명하면 여자는 곧 환상 속에 빠지게 된다. 어차피 드러날 거짓말은 할 필요가 없다. 다행스럽게도 대다수 여자들은 남자가 지극히 못생기지 않고 평범한 축에 들면 일단 마음을 열게 되어 있다. 여자가 마음을 열면 어느 정도 가능성이 있다는 말이다. 떨어지는 외모를 가꾸기 위해 굳이 성형수술까지 할 필요는 없다. 그럴 돈과 시간이 있으면 책을 사서 여자들의 심리에 관해 공부를 해 두는 게 훨씬 효율적이다.

최고의 유혹은 섹스다

남자를 만나다 보면 믿음이 쌓이는 시점이 있다. 그때 여자는 남자와의 섹스를 생각하게 된다. 그러나 여자가 직접 '섹스하자'고 말하면 가벼운 여자로 전락한다. 술자리에서 자연스럽게 남자를 유혹하는 법을 공개한다.

술잔을 비우다 보면 자연스럽게 야한 농담이 오가게 되어 있다. 그때 "그만해. 이런 말 들으니까, 자꾸만 이상한 생각을 하게 되잖아"라고 하면서, 남자의 어깨에 기대며 은근슬쩍 그의 허벅지에 손을 대는 것이다. 그러면 남자의 심장은 두근거리다 못해 이내 멈추고 만다. 보는 사람만 없다면 그 자리에서 바로 여자의 옷을 벗기고 섹스를 하고 싶은 충동이 생기게 된다. 남자를 유혹하는 최고의 기술은 바로 섹스다.

7장

모텔비가 아까운 남자
호텔비가 아까운 여자를
애인으로 만드는 비법?

상대방의 욕망을 자극할 수만 있다면 게임 끝!

요부는 이 세상 모든 남자의 이상형이다. 현실 속에서 자신의 감정을 억누르며 이성적인 판단으로 살아가는 남자들에게 요부형 스타일은 자유와 쾌락을 선물한다. 이런 여자가 남자의 욕망을 자극하며, 남자를 종속시키게 된다. 희대의 요부 장희빈 등이 이런 유형에 속한다.

자신을 신비롭게 연출하는 본성으로 남자에게 끊임없는 쾌락을 제공한다. 이들에게 있어 관능미는 대표적인 매력 포인트가 된다. 요즘 남자들은 생활 기반의 안정과 함께 지위 상승을 꾀해야만 하는 경쟁사회에서 억눌려 살아가고 있다. 그렇기 때문에 모험을 즐길 여유와 쾌락을 맛볼 기회는 점점 줄고 있다. 이런 남자들이 요부형 유혹자의 눈길을 끌게 된다. 기회만 되면 금세 폭발해 버릴 것만 같은 남자들의 욕망은 유혹자의 호감을 불러일으키기에 충분하다.

요부는 남자의 본능인 성적 욕망을 충족시킨다. 아무리 강하고 이성적인 남자라도 이들 앞에서는 어린아이처럼 순종하게 된다.

요부는 신비감으로 무장한 특별한 존재다. 자신이 원하는 것은 수단과 방법을 가리지 않고 빼앗아야 한다. 또 자신의 가치를 유지하기 위해 남자들의 시선을 자극할 수 있는 외모를 지녀야 한다. 지극히 여성적인 이미지로 성적인 매력을 갖춰야 한다.

요부의 뒤에는 항상 위험이 도사리고 있다. 마치 금단의 사과처럼 독기를 품고 있는 것이다. 이것이 유혹의 최대 무기가 된다. 남자들은 요부의 이런 매력에 의식을 잃게 된다. 요부의 관능적인 매력에 남자들은 쉽게 무너진다.

그러나 요부가 창녀는 아니다. 요부가 창녀처럼 행동할 때 남자들의 관심은 급격히 사라지고 만다. 지성을 겸비한 성적 매력은 남자들에게 교묘한 상상력을 자극하게 한다. 자신의 합리화에 급급한 남자들은 스스로 이용당한다는 사실을 결코 인지하지 못한다. 오히려 여자의 달콤한 매력 뒤에 숨은 날카로운 가시에 더 호감을 느낀다. 이렇듯 요부의 비이성적인 행동과 위험성의 표출은 특별한 유혹의 수단이 된다. 그러기 위해서는 간헐적인 노여움과 변덕, 그리고 잇따르는 교태적인 모습이 매우 유용하다. 이로써 남자들은 혼돈에 빠지게 되어 더욱 애착을 갖게 된다.

요부에게 가장 중요한 것은 신체적 조건이다. 여자의 육체는 남자의 성적 욕망을 자극하는 매우 훌륭한 무기가 된다. 화장, 향수, 옷맵시 등으로 매혹적인 분위기를 연출할 때 남자를 확실하게 끌어당길 수 있다. 남자는 여자의 육체에 사로잡히면 불나방처럼 달려드는 근성이 있다.

여자는 은근히 남자의 욕구를 자극해야 한다. 정신을 혼미하게 만들어 깊이 빠져들게 해야 한다. 다양한 기교에 대해 알아보자.

1. 목소리에 욕망을 담아라

요부의 기질을 갖추기 위해 목소리를 잘 다듬어야 한다. 목소리의 자극을 통해 남자의 욕망을 끌어올릴 수 있다. 은근히 속삭이는 감미롭고도 에로틱한 목소리를 듣는 순간 남자들은 거부할 수 없는 욕망에 사로잡힌다. 지나치게 높고 빠른 목소리를 지양해야 하며, 잠자리에서 속삭이듯 차분한 목소리로 자장가처럼 부드러운 대화를 이어가야 한다.

2. 외모를 통해 여신의 이미지를 연출하라

눈부시고 화려한 외모를 통해 여신의 이미지를 부각시켜야 한다. 머리부터 발끝까지 이어지는 완벽한 조화는 여신의 환상적인 분위기를 만들어 남자를 혼란에 빠뜨린다. 이때 관능미를 자랑하는 것은 좋지만, 지나친 노출을 통해 성적 욕망만을 자극해서는 안 된다.

항상 베일에 가려진 은근한 분위기를 연출해 아쉬움을 남겨야 한다. 이는 남자의 상상력을 극대화하기 위함이다.

3. 은근한 몸짓과 태도를 보여라

　결코 서두르지 않고 천천히 움직이는 것만이 성공적인 유혹을 보장한다. 기대감에 사로잡힌 남자를 자극하기 위해서는 몸짓과 태도 하나하나에 신경을 기울여야 한다. 그러면서 오직 쾌락의 순산만을 위해 존재한다는 매력을 강하게 드러내야 한다. 여자의 순결함은 남자의 호감을 유발하는 최고의 전략이 된다. 은근한 몸짓과 태도에 순결함을 자연스럽게 나타내야 한다.

요부의 남자는
절대 바람기가 없다

남자도 자신의 성적 감각을 모른다. 섹스를 하며 강하게 힘만 주어 사정의 쾌락만을 느낄 뿐이지, 짜릿한 자극을 온몸으로 느낄 줄을 모른다. 그렇기 때문에 남자의 성적 감각을 깨우기 위해 노력할 필요가 있다. 지금부터 요부가 되어 보는 것이다. 요부의 남자는 절대 다른 여자를 거들떠보지 않는다.

첫째, 남자의 성기가 뜨거워지도록 손으로 마사지한다. 남자의 자위행위를 여자가 대신 해 주듯, 한 손으로 성기를 감싸 쥐고 위아래로 강한 듯 부드럽게 움직여 준다. 그리고 다른 손으로 귀두 부위를 부드럽게 마사지 한다.

둘째, 혀끝으로 성기를 쓸어 올린다. 혀를 이용해 성기 주변을 애무하다가 서서히 위쪽으로 쓸어 올리면 남자는 현기증을 느끼게 된다. 이는 성적 쾌감이 고조되고 있다는 증거다.

셋째, 여성상위 자세를 통해 온몸을 자극하라. 여성상위 섹스는 남자의 성기에 지속적인 자극을 주면서 시선을 사로잡을 수 있다. 이를 통해 성적 에너지를 가득 채울 수 있으며, 강한 쾌감을 경험할 수 있다.

이처럼 색다른 경험과 쾌감을 전하는 요부는 남자의 발기부전도 치유할 수 있다.

나쁜 남자에 열광하는 여자의 속마음 파악하기

　남자에게 많은 사랑과 관심을 받고 싶어 하는 것은 여자의 본능이다. 그러나 대부분의 남자들은 먹고 살기에 급급한 나머지 여자에게 충분한 관심을 기울이지 못한다. 이럴 때 바람둥이형 남자는 환상적인 연인으로 다가갈 수 있다. 여자의 억눌린 욕망을 자극하며 살아 있다는 즐거움과 쾌락을 동시에 안겨준다.

　일명 '나쁜 남자' 스타일이 여자의 마음을 사로잡을 수 있다는 것이다. 정직, 성실, 결혼 등에 관해 전혀 관심이 없는 바람둥이형 남자가 여자에게 짜릿한 즐거움과 쾌락을 제공한다.

　교양 있는 여성, 가정에 충실한 여성 등 여자들이 가정과 사회에서 받는 억압은 매우 강하다. 그렇기 때문에 여자들의 일상은 지극히 단조로울 수밖에 없다. 이때 잠시만이라도 자신의 환상을 만족시켜 줄 만한 남자가 나타나기를 기다린다.

　이런 유형의 여자를 유혹하기 위해서는 순간의 쾌락을 위해 자신의 모든 것을 내던질 수 있는 각오를 다져야 한다. 오직 현재의 쾌락만을 위해 여자에게 다가설 때 진정한 유혹의 성공을 기대할 수 있다. 관능적인 쾌락에만 몰두할 수 있는 능력,

이것이 가장 중요한 포인트이다.

요부가 남자를 유혹하듯, 여자의 마음을 혼돈상태에 빠뜨려 한 번에 휘어잡아야 한다. 이때 여자는 거부반응을 보이며 불안감에 사로잡히기도 한다. 그럴수록 남자는 강한 관심을 보이며, 여자를 위해 그 무엇이라도 다 해 줄 수 있다는 것을 보여줘야 한다. 남자의 도발적인 행동은 여자 스스로가 통제할 수 없는 상황으로 만든다.

여자의 거부반응에 냉정해야 한다. 애인, 남편, 가정 등 그 어떠한 장애물도 두려워해서는 안 된다. 여자가 저항한다면 대화로 풀어야 한다.

사회의 따가운 시선을 받을 수 있는 극단적인 행동을 과감히 할 수 있는 강한 남자가 되어야 한다. 여자들은 이를 두려워하면서도 위험하고 잔인한 존재인 당신에게 강한 호감을 보인다. 그러면서 억압된 자신의 욕망을 분출한다.

이를 위해 조금은 위험하고 어두운 분위기를 연출해야 한다. 누구에게나 숨어 있는 악마적 본성이 모습을 드러내며 스릴을 만끽해야 한다. 이런 과감한 매력에 여자들은 깊이 빠져든다.

미래에 대한 암시, 환상, 기대 등 강한 인상을 전해 줄 수 있는 말을 통해 여자의 마음을 사로잡는다면 한껏 부풀어 오르게 된다. 여자는 사탄의 유혹에 빠지듯 정신이 혼미해진다. 양심의 가책을 느끼지도 않는 뻔뻔한 행동으로 여자의 주체할 수 없는 쾌락을 자극해야 하는 것이다.

그녀의 음부도 키스를 즐긴다

대부분의 남자가 여자에게 오럴을 요구하면서 자신은 여자의 음부에 입술을 대려 하지 않는다. 애무 도중 발기가 시작되면 삽입에 급급한 나머지 전희 과정도 충분히 거치지 않는다. 여자의 음부는 절대 불결한 곳이 아니다. 그러니 손으로만 만지려 하지 말고, 입술 또는 혀끝으로 클리토리스를 정성껏 애무해 줘야 한다. 전희는 삽입 섹스를 하기 위한 형식적인 절차가 아니다. 전희를 통해 여자의 흥분상태가 고조되면 남자가 삽입했을 때 밀려오는 쾌감의 질이 다르다는 것을 알아야 한다.

그리고 남자가 오럴섹스를 요구하는 것처럼 여자도 오럴섹스를 간절히 기대한다. 자신의 쾌락을 중요시 여기는 만큼, 남자도 여자의 쾌락을 위해 노력하는 자세를 보여야 한다.

헌신적인 사랑만이
상대를 자극할 수 있다

누군가에게 잃어버린 꿈과 환상을 다시 심어 주는 일! 많은 사람으로부터 관심을 받고 있는 구원자의 모습이다. 사람들은 세상을 살아가며 자신의 꿈이 무엇인지 망각을 하게 된다. 그러면서 좌절하고 몸과 마음이 지쳐 간다. 그렇기에 자신의 잃어버린 꿈과 이상을 실현시켜 줄 구원자를 간절히 원한다.

헌신적인 사랑을 통해 육체적·정신적 교감을 이끌어내는 구원자의 이미지는 무미건조한 일상에서 무한한 힘을 가진 유혹자가 된다.

사람에게는 어린 시절부터 꿈꿔 오던 이상향이 누구에게나 존재한다. 그러나 현실의 벽에 부딪혀 좌초되고 무색해진다. 그 꿈과 환상이 현실의 벽에 가로막혀 더 이상 펼칠 수 없는 것을 알면서도 자신의 내면에는 늘 존재한다. 스스로 채우지 못한 것, 더 나아가지 못하는 것 등에 대해 누군가 나서서 이루어 주길 간절히 바란다. 어쩌면 그것은 잃어버린 무언가를 찾기 위한 내면의 반란인지도 모른다.

구원자의 이미지에서 사람들은 자신이 원하는 이상적인 모습을 발견하게 된다. 또 구원자는 상대방의 이상이 무엇인지를 파악해 그것이 현실이 되도록 도움을 준다. 따라서 구원자는 상대방의 인생에 가득 번져 있는 어두운 그림자를 치워 줄 능력이 필요하다. 상대방의 갈증을 해소해 줄 조건을 구비하고 그에 맞는 모습으로 자신을 변화시켜야 한다.

그러기 위해 참고 견뎌야 하는 인내심과 상대방의 부족한 부분을 관찰할 수 있는 세심한 집중력이 요구된다. 이를 통해 상대를 유혹할 수 있는 무한한 힘을 갖게 되는 것이다.

구원자는 상대방의 목마름에 시원한 물을 제공하는 사랑이어야 한다. 여자는 자신의 욕망을 충족시키고, 이상을 현실로 실현시켜 주는 남자를 만나게 되면 거부할 수 없는 운명에 사로잡히게 되는 것이다. 내면에 간직한 꿈, 그 이상을 실현시키기 위한 현실적 조건을 제공한다면 상대는 더 이상 망설이지 않는다. 내면에 간직한 자신의 모습이 더 가치 있다고 믿기 때문이다. 구원자는 사람들의 이러한 심리를 파악하는 데 주력해야 한다. 본능적인 자극을 지양하고 내면적인 자극에 더 주력한다면 반드시 유혹에 성공한다. 정신적 만족을 안겨 주는 유혹의 힘은 더 강력하다는 것을 알아야 한다.

섹스는
세기의 종합예술이다

섹스는 남녀가 서로 협력하여 둘이 함께 성적 즐거움을 나누는 아름다운 행위다. 따라서 사랑의 표현인 성적 행동을 어색해할 필요가 없다. 아름다운 것을 마음껏 즐기기 위해 노력할 뿐이다.

대체적으로 섹스에 대해 부정적인 생각을 갖고 있는 사람들에게서 섹스트러블이 많이 발생한다. 그것은 섹스를 음탕한 행위로 인식하기 때문이다. 그렇기 때문에 섹스를 거부하는 것은 음탕한 행위를 거부하는 것과 같다. 그러나 섹스를 사랑의 행위로 바라볼 수 있어야 한다. 섹스를 사랑의 표현이라 생각하면 거부할 이유가 없다. 섹스를 거부한다는 것은 곧 사랑하는 사람의 사랑을 거부하는 것과 같기 때문이다. 섹스는 사랑하는 사람과 기쁨을 누리는 종합예술인 것이다. 사랑한다면 즐겨라. 섹스는 곧 사랑이다.

유혹은 더 이상 금지된 욕망이 아니다

　유혹이란 상대방의 마음을 얻는 것이다. 굳게 닫혀 있는 마음을 열어 상대방의 삶을 밖으로 노출시켜 완전히 장악하는 것이다. 그러기 위해서는 상대가 자신에게 관심을 기울이고 집중할 수 있는 여건을 만들어 줘야 한다.
　때로는 상대방의 심한 거부로 주춤할 것이며, 호감을 전하지 못해 두려움이 느껴질 수도 있다. 그대는 한발 물러서 숨을 돌리고, 다시 은밀하게 접근하여 상대가 안심할 수 있도록 새로운 전략을 펼쳐야 한다. 이때는 상반된 분위기를 연출해 신비감을 줄 수 있어야 한다.
　이를 통해 유혹에 성공하면 적극적인 관심으로 상대방의 욕망을 자극해야 한다. 공허함, 상실감 등 의도적인 감정의 전이를 통해 모험과 낭만에 대한 강한 욕구를 느끼도록 유도해야 한다. 또 눈앞에 보이는 즐거움과 쾌락에 대한 기대감을 갖게 하는 것도 효과적인 방법이다.
　상대방의 욕망은 더욱 뜨겁게 타오른다. 그러면서 자신의 상상력을 통해 사물을 바라보며 자신을 합리화한다. 곧 정신이 혼미해져 상대가 이끄는 대로 끌려갈 수밖에 없다. 금지된 욕망이 꿈틀거리기 시작하는 것이다.

1. 유혹의 대상을 선정해야 한다

상대를 유혹하려면 먼저 그 유형을 파악하고 접근해야 한다. 상대를 철저히 파악하고 접근해야 그에 맞는 유혹의 전략을 펼칠 수 있다. 유혹의 대상을 선정함에 있어 만족스러운 삶을 살아가고 있는 사람들은 일단 유혹의 대상에서 제외시켜야 한다. 외로움, 불행, 불만 등이 가득한 사람을 유혹하는 게 성공률을 높인다.

먼저 상대방의 몸짓과 태도 등을 통해 심리상태를 분석해야 한다. 특히 무의식적인 반응과 태도, 그리고 표정과 말투에 대해 관심을 집중해야 한다. 그리고 자신과 상반된 성향의 대상을 고르는 게 좋다. 자신에게 없는 특성을 가진 상대를 선정해야 마음이 끌리고, 강렬한 열정으로 도전해 유혹에 성공할 수 있기 때문이다. 유혹에 흥미를 느낄 때 비로소 용기와 창의성을 발휘할 수 있다. 또 강렬한 열정으로 상대에게 감동을 전할 수 있다.

유혹은 스릴 넘치는 게임처럼 재미있게 즐겨야 한다. 그렇기 때문에 자신이 좋아하는 쉬운 상대를 골라서는 안 된다. 새로운 유형의 사람에게 관심을 갖고 유혹을 할 때 더 열정적으로 짜릿한 모험을 즐길 수 있는 것이다. 자신에게 더 큰 만족을 안겨줄 수 있는 사람을 유혹의 대상으로 선정해야 한다. 상상력이 가득하고, 내성적인 성향이며, 기대감을 늘 품고 사는 사람이라면 유혹의 대상으로 적당하다. 게다가 게으른 사람이라면 더 없이 좋다. 이들은 누군가가 접근해 자신들의 공허함을 채워 주기를 간절히 원한다. 자신에게 부족한 것을 소유한 사람이라면 더욱 끌리게 된다. 그래서 상대를 선정함에 있어 자신과 상반된 성향의 사람을 고르라는 것이다.

2. 우회적 접근방식으로 상대방의 마음을 열어야 한다

처음부터 적극적인 자세는 상대를 불안과 두려움에 떨게 한다. 유혹은 은근히 시작되어야 한다. 사냥꾼이 서서히 다가가 맹수에게 총을 겨누듯, 우회적으로 접근하여 상대방의 마음을 진정시켜야 한다. 자연스러운 접근 사심이 없는 것처럼 보여 운명적인 사랑처럼 받아들인다.

우회적인 접근방식을 통해 우연한 기회를 만들어야 한다. 상대가 눈치 채지 못하도록 하여 분위기를 압도하는 것이다. 이것이 바로 우회적인 유혹의 힘이 되는 것이다.

일단 유혹이 시작되면 상대 스스로 마음을 열고 다가오도록 해야 한다. 그러기 위해서는 다양한 방법이 요구된다.

첫째, 자신의 존재를 알려라. 일정한 거리를 유지한 채 서서히 관심을 보여야 한다. 그러면서 서로 가까워지는 것이다.

둘째, 어떠한 것이든 상대에게 강요하지 마라. 무조건 밀어붙이기식의 유혹 방법은 상대로 하여금 불안한 마음만 심어 주게 된다. 또 의심을 불러일으켜 호감을 떨어뜨린다.

셋째, 한 걸음 물러서서 유혹하라. 상대에게 지나치게 집착을 하면 상대방의 마음을 움직일 수 없다. 적정한 간격을 유지한 채 유혹을 해야 강한 영향력을 행사할 수 있다.

넷째, 상대방의 불신을 잠재워야 한다. 상대에게 강한 믿음을 줘야 두려움이나 불안의 감정이 해소된다.

유혹의 대상과 대화를 나누다 보면 그 사람의 성장과정, 성격, 취향, 꿈과 이상 등에 대해 소중한 정보를 알아낼 수 있다. 서로의 감정을 확인하며 편안한 사이로 발전할 수 있다. 그러면서 자연스럽게 긴장감이 사라지며, 상대방의 경계심을 없앨 수 있다.

3. 상반된 분위기로 흥미를 유발시켜야 한다

상대로부터 느끼게 되는 상반된 분위기는 혼란스러움과 함께 호감의 깊이를 더한다. 즉, 자신과는 사뭇 다른 분위기로 인해 혼란스러워 하면서도 그 신비로움에 점점 빠져들게 된다. 그렇다고 인상적이고 충격적인 방법으로만 상대방의 관심을 끌어내려 하지 마라. 쉽게 얻은 관심은 흥미를 쉽게 떨어뜨린다. 상대방의 관심과 흥미를 지속시키기 위해 끊임없이 상대방의 상상력을 자극해야만 하는 상황을 유발할 수 있다. 그러면 유혹에 실패하는 것이다.

상반된 분위기를 연출해 긴장감을 심어 주는 것이 가장 효과적이다. 순진함과 포악함, 뻔뻔함과 수줍음, 지성과 감성 등의 감정 변화를 통해 다양한 모습을 보여줘야 한다. 이런 변화에 있어서도 갑작스러움보다는 은근한 변화를 보여야 한다. 자칫하면 정신분열증 환자로 오해를 받을 수도 있다. 그저 밝은 표정 뒤에 숨은 고독의 그림자를 통해 상대방의 상상력을 자극해야 한다. 애매모호한 분위기를 통해 상대방의 궁금증을 유발시켜야 한다는 것이다. 이를 통해 상대방의 심경 변화를 조절하는 것은 최고의 기술이다.

'저 사람 생긴 거와는 영 다르네.'

외모와 정반대인 성격이 상대방의 관심을 끌어올리는 법이다. 내면의 깊이를 가늠할 수 없기 때문에 묘한 매력에 이끌리는 것이다. 어딘지 모르게 어두운 표정, 이와 반대로 천진난만한 행동과 재치 있는 웃음을 유발한다면 상대로부터 신비감을 조성할 수 있다.

4. 자신의 가치를 높이려면 질투심을 유발해야 한다

사람은 누구나 주목받기를 원한다. 그렇기에 남들보다 자신이 더 유리한 위치에 서기를 기대한다. 그러기 위해서는 많은 사람과 경쟁을 치러야만 한다. 또 사람은 누구나 경쟁을 통해 무언가를 소유하고자 하는 욕망이 강하다.

남녀관계에서도 마찬가지다. 상대에게 주변에 이성이 많아 여기저기서 인기를 누리고 있다는 착각에 빠져들게 해야 한다. 질투심을 유발해 자신의 가치를 높여야 한다는 것이다.

인기가 많은 사람과 없는 사람에게는 그만한 이유가 있다. 인기가 많은 사람은 항상 주위에 사람들이 몰려든다. 반면 인기가 없는 사람은 늘 혼자 거리를 배회한다. 이유가 뭘까? 문제는 다가서고 싶은 마음과 다가서고 싶지 않은 마음에 달려 있다는 것이다. 즉, 상대를 바라보는 사람들의 반응에 따라 인기의 척도가 달라진다. 달리 말하면, 사람들마다 열망하는 대상은 공통점이 존재한다는 것이다. 그렇기 때문에 모든 사람으로부터 인기를 얻으려면 그들 모두 열망하는 가치를 지닌 존재라는 인상을 심어 주어야 한다.

욕망이라는 것은 남들이 하는 것을 따라 하고 싶은 것과, 내가 갖지 못한 것을 빼앗고 싶은 충동적 심리를 모두 포함한다. 이는 자녀를 키워본 사람이라면 쉽게 알 수 있다. 형제자매를 보면 서로 부모의 관심을 독차지하려 안달을 한다. 이들 사이에는 경쟁 심리도 대단하다. 내재된 욕망인 것이다.

이처럼 사람에게는 끌리는 대상으로부터 관심과 사랑을 독차지하려는 경쟁심리가 도사리고 있다. 상대를 유혹함에 있어서도 이러한 경쟁심리를 이용하면 쉽게 유혹을 할 수 있다는 것이다.

다른 사람들도 빼앗고 싶은 대상이라면 이보다 더한 매력은 없는 것이다. 이는 외모나 능력 이상의 가치를 발휘한다. 그러기 위해 질투심의 유발이 가장 효과적인 수단이 된다. 흔히 말하는 삼각관계의 형성이다. 다른 사람을 중간에 집어넣어 자신의 이미지가 얼마나 확고한가를 강하게 인식시켜야 한다. 다른 사람도 자신을 간절히 원하고 있다는 것은 상대로 하여금 강한 질투심을 유발시켜 애착의 강도를 높일 수 있다. 경쟁자가 자신보다 부와 지위가 높다는 것에 대해서는 관대할 수 있으나, 더 매력적으로 호감을 자극한다는 것에 대해서는 강한 질투심을 유발한다.

  마음에 드는 사람이 있으면 그 사람의 친구들에게 더 관심을 보여라. 상대방의 욕망을 자극함으로써 자신이 원하는 방향으로 상대를 유인할 수 있다. 자신의 화려한 과거를 통해 대비효과를 주는 것도 효과적인 방법이다. 과거에 만났던 사람들과 비교하며 자신의 매력을 한껏 발산하는 것이다. 사람이라는 존재는 소유할 수 없는 것에 대한 집착이 강하게 마련이다.

5. 불안한 심리를 자극해 유혹해야 한다.

  사람들의 마음속에 자리 잡은 불안과 불만은 유혹에 있어 최고의 조건이다. 이는 곧 불안 심리를 자극해야 유혹에 성공할 수 있다는 말이다. 그러면서 상대방의 고민과 불만 등에 대해 해결점을 제시할 수 있다는 확신을 심어 줘야 한다. 그러기 위해 상대가 품고 있는 불안적인 요인에 대한 심도 있는 관찰이 필요하다.

숨겨진 내면은 겉으로 드러나지 않는다. 오히려 내면심리가 불안한 사람들이 겉으로 강하게 보이려 노력을 한다. 그 강한 모습 뒤에는 항상 혼란스러움과 공허한 마음이 자리잡고 있다. 그래서 보이는 것만으로 상대를 평가해서는 안 된다.

누구나 불만을 갖고 세상을 살아간다. 누군가에게 그 불만을 토로하고 위안을 받고 싶어 한다. 뭔가 부족함을 느끼기에 자신의 공허함을 채워줄 상대를 기다린다. 바로 이점을 노려야 한다.

현실에 대한 불만, 미래에 대한 불안 심리를 자극해 절망에 빠뜨려야 한다. 그 다음 유혹의 씨앗을 뿌리면 되는 것이다. 저절로 싹이 트고 열매를 맺는다. 사람의 욕망은 불안한 시기에 더욱 끓어오른다. 그 틈을 비집고 들어가 자신의 존재를 알려야 한다. 정체성에 회의를 느낀 상대는 구원자의 손길을 덥석 잡게 되어 있다.

사람들은 자신의 꿈을 잃은 상실감 때문에 점차 활기를 잃고 안타까움에 젖어 살아간다. 이들을 유혹하기 위해 가장 먼저 내면의 상처를 끄집어내어 치유하는 과정이 필요하다. 현실과 이상의 차이를 스스로 깨닫게 하여 새로운 도전의 기회를 제공한다면 상대는 저절로 따라오게 된다. 스스로 결여되어 있다는 느낌이 들 때 유혹에 휩싸이게 된다.

고통 뒤에 따르는 쾌락은 무척 흥미롭다. 그렇기에 상대방의 욕망을 충분히 자극해야 하는 것이다.

6. 암시를 통해 기대심리를 자극해야 한다

직접적인 접근은 상대로 하여금 방어벽을 치게 한다. 그만큼 유혹의 속셈을 간파했다는 증거다. 따라서 상대를 유혹할 때 자신의 속마음을 철저히 감추고 간접적인 전달을 통해 상상력을 자극해야 한다. 즉, 암시효과를 통해 교묘한 대화를 하며 상대를 혼란스럽게 만들어야 한다. 그래야 유혹에 성공할 수 있다.

우선 우연을 가장한 만남으로 상대에게 암시를 줄 수 있다. 그러면 상대는 지루한 일상 속에서 새로운 돌파구를 찾았다는 기대심리를 갖게 된다. 뭔가 자신이 바라는 대로 일상의 변화와 함께 즐거움이 찾아올 것만 같은 환상에 젖게 된다. 그러면서 경계심은 서서히 누그러진다. 결국 무의식 속에서 저항할 힘을 잃게 된다.

그동안 겪어온 불안한 요소들은 어느새 자취를 감춰버린다. 새로운 변화와 함께 찾아온 상대가 모든 것을 해결해 줄 수 있다는 기대감이 강하게 끓어오르기 때문이다. 유혹자의 무심코 던진 말, 그리고 행동을 통해 상대는 상상의 나래를 펼친다. 엄청난 암시 효과인 셈이다. 이러한 암시가 상대방의 긴장을 풀어 주며 몸속 깊은 곳으로 스며들어 빛을 발한다. 상대방의 주위가 흐려졌을 때 사용하면 더욱 효과적이다.

가벼운 스킨십으로도 상대방의 욕망을 충분히 자극할 수 있다. 이때 스킨십이 과도한 신체적 접촉이어서는 안 된다. 어디까지나 우연을 가장해야 한다. 그러면서 의미심장한 말이나 표정을 더한다면 효과는 최고조로 상승한다. 상대에게 관심이 있는 듯, 없는 듯 애매모호한 분위기를 연출해야 한다. 암시를 통해 상대에게 새로운 일상에 대한 동경심을 유발하도록 해야 한다.

7. 상대방의 마음을 열어야 한다

사람의 마음은 쉽게 열리지 않는다. 자기만의 세계에 갇혀 굳게 문을 닫고 있기 때문이다.

방어본능에 충실한 사람의 마음을 어떻게 허물 수 있을까?

사람들은 서로 부딪치며 본의 아니게 오해와 무시를 주고받으며 살아간다. 그렇다 보니 악의적으로 변하고, 또 서로 무관심하게 지내는 것이다. 이처럼 굳게 닫힌 마음의 벽을 허물기 위해서는 상대방의 마음속으로 들어가야 한다. 그들의 기준에 따라 생각하고, 그들이 좋아하는 것을 함께 즐기며, 그들의 상처를 보듬어 줘야 한다. 그러면서 자신의 삶을 보는 듯한 착각을 불러일으켜야 한다.

불신과 두려움을 없애 환각 상태에 이르게 해야 한다. 낯설고 위협적인 존재가 아님을 인식시켜 줘야 한다. 즉, 거울을 통해 바라보는 자기 자신의 모습임을 인식하게 해야 하는 것이다.

어쩌면 이것은 유혹의 전략 중에 가장 잔인한 기술일 수도 있다. 극심한 착각을 통해 현실에 대한 정확한 인식을 하지 못한 채 환각 상태로 빠져들기 때문이다. 그래도 유혹에 성공하기 위해서는 상대방의 심리적·육체적 변화에 따른 모든 것을 파악하여 그대로 실행해야 한다. 상대는 자신에게 관심을 쏟는 행위라 여겨 강한 호감을 드러낸다. 그러면서 경계심을 스스로 무너뜨린다.

사람의 마음을 얻는다는 것은 가장 강력한 유혹의 수단이 된다. 상대방의 아픔과 슬픔, 그리고 기쁨과 행복을 같이 느끼는 행위야말로 성공적인 유혹의 전략이다.

8. 쾌락은 거부할 수 없는 유혹이다

누구나 열망하는 게 쾌락이다. 상대방의 깊은 욕망을 자극하기 위해 쾌락만한 게 없다. 모든 것을 들어주고, 해결해 줄 수 있다는 분위기로 상대를 유혹한다면 쉽게 끌려오게 마련이다. 상대방의 호기심을 자극해 한껏 부풀어 오르게 해야 한다. 즉, 앞날에 대한 기대와 기쁨으로 가득 차게 해야 하는 것이다.

사람들은 생활의 안정을 유지하기 위해 안간힘을 쏟는다. 그렇지만 매 순간마다 균형을 유지하고, 도덕적인 삶을 유지하기란 그리 쉽지만은 않다. 끊임없이 욕망을 자극하는 주변의 유혹으로부터 자유로울 수가 없다. 이러한 현실을 인식한다면 유혹의 성공을 기대할 수 있다.

아무리 성인군자라 해도 사람은 누구나 한 가지 역점을 지니고 있다. 유혹자는 상대방의 허점을 찾아내 강한 유혹의 힘을 발휘해야 한다. 상대방의 삶에서 부족한 부분이나 실수한 부분을 찾아내어 유혹의 조건으로 삼아야 한다. 억눌린 욕망, 탐욕, 허영심, 불만과 불안 등 상대방의 결여된 문제들을 찾아내 면밀히 파악해야 한다. 언행이나 옷차림새를 통해서도 약점은 반드시 드러난다. 특히 과거 연애경험은 중요한 단서가 된다.

이 점을 부각시켜 위안과 치유와 함께 쾌락을 제공한다면 성공적인 유혹을 보장받을 수 있다. 어디까지나 환상에 젖어들게 해야 한다. 구체적인 앞날을 제시해서는 더더욱 안 된다. 뻔히 내다보이는 것에 대한 실망감을 안겨줄 수 있기 때문이다. 그저 일상에서 벗어난 쾌락만을 제공하며 상대방의 욕망을 분출시켜야 한다. 그러면서 긴장감을 조성해 상대가 쉽게 넘어뜨릴 만한 존재가 아니라는 것을 일깨워줘야 한다.

아무리 좋은 음식도 한두 번 먹으면 식욕을 잃게 마련이다. 그렇기에 그 맛의 진실을 쉽게 알게 해서는 안 된다. 상대가 간절히 원한다면 그것은 절대 쉽게 '소유할 수 없는' 것임을 인지시켜야 한다. 그러면 그것을 소유하기 위해 더 강하게 끌려

올 것이며, 다가올 쾌락에 대한 기대감이 상승한다. 이를테면 유부녀와 처녀에 대한 환상이 쾌락으로 작용하는 것이다. 현실적으로 소유하기 힘든 대상이지만, 소유하고 싶은 욕망의 분출로 그 쾌락은 정점을 찍는다. 유혹의 힘이 가장 강력하게 발휘되는 순간이다.

촌스러운 남자도 센스는 있다

나름대로 멋을 냈다고는 하지만, 남자의 촌스러움으로 인해 고민하는 여성들이 많다. 그러나 그 남자를 천천히 훑어봐라. 그 중에서 한 곳을 찾아 디자인이나 색감에 대해 칭찬을 해 줘라. 사랑하는 여자로부터 칭찬을 받는다면 아무리 촌스러운 남자라도 자신의 옷차림새에 관심을 갖게 마련이다. 여자에게 칭찬을 받는 순간 가슴이 두근거려 다시 한 번 자신의 스타일을 점검한다. 그러면서 여자에게 조언을 구한다. 그렇게 되면 남자를 불러내 이것저것 대조해 가며 개조할 수 있는 기회를 만들 수 있다. '이건 안 어울려' 보다 '이게 더 잘 어울려' 라고 말하며 스타일적 감각을 일깨워야 한다.

호감을 확실하게 이끌어내는 비결은 따로 있다

자신에 대한 호감을 확실하게 이끌어내기 위해서는 상대에게 혼란을 제공하여 환상에 젖어들게 해야 한다. 쾌락과 혼란은 상대방의 감정을 고조시키면서 새로운 모험에 대한 호기심을 자극한다.

간절히 원하는 것은 현실이 되고, 새롭게 일어날 일에 대한 궁금증이 점점 커지면서 뜻밖의 즐거움을 맛보게 한다. 더구나 상상력을 자극하는 달콤한 말과 부드러운 몸짓은 상대를 흥분의 도가니로 몰아넣기에 충분하다.

완벽한 환상의 세계를 경험하게 해줌으로써 쾌락의 극치를 향해 달릴 수 있다. 이럴수록 상대는 더욱 강하게 빨려든다. 이때는 자신을 더욱 신비롭게 포장하며 적절한 거리를 유지해야 한다는 것이다. 그러면서 더욱 짜릿한 환상의 세계로 끌어당겨야 한다.

상대는 이미 흥분상태에 접어들고, 감정은 최고조에 올라 그야말로 푹 빠진 상태가 된다. 현실감각은 이미 사라져 더 이상 물러설 수 없는 환상에 깊이 젖어드는 것이다.

1. 궁금하게 만들어 즐거움을 줘야 한다

　다음에 어떠한 일이 일어날까? 예측할 수 없는 결과에 대한 궁금증은 마치 마약처럼 스릴을 제공한다. 궁금증이 커질수록 기대감도 상승해 색다른 즐거움을 느낄 수 있다. 어린아이가 부모의 손에 이끌려 새로운 세계를 경험하듯, 사람은 누군가에게 이끌려 색다른 모험을 즐기고 싶어 한다.
　새로운 뭔가를 경험할 때 상대는 깊은 감동을 받는다. 예기치 않은 방문, 처음 가보는 장소 등을 통해 상대를 호기심의 노예로 만들 수 있다. 서서히 긴장은 풀리고 하루하루를 설레는 마음으로 살아간다. 그러기 위해 치밀한 전략을 구사해야 한다. 궁금증을 자극할수록 상대방의 관심과 호감은 점점 커진다. 더 많은 것을 알고 싶어 하고, 더 많은 것을 원하게 된다. 그러면서 자신의 모든 것을 공개한다.
　이때 도발적인 유혹 전략을 펼쳐 그 효과를 높여야 한다. 갑작스러운 방문을 통해 상대방의 호기심을 자극할 수도 있다. 또 특별한 장소로 상대를 이끌어 의미심장한 말을 전해도 좋다. 이미 환상에 깊이 빠져든 상대는 치밀하게 짜놓은 계획을 전혀 눈치 채지 못한다.
　이처럼 의도적인 접근도 자연스럽게 포장하여 매력을 발산하는 것은 유혹자의 능력이다.

2. 말을 통해 상대방의 상상력을 자극해야 한다

　사람들은 남의 말을 잘 듣지 않으려 하는 습성이 있다. 개인의 생각과 욕망의 틀에 갇혀 있기 때문이다. 그러므로 상대를 유혹하려면 그들이 원하는 것, 즐거움을 느낄 수 있는 것, 감정의 변화를 이끌어낼 수 있는 언어들을 쏟아내야 한다. 특히 상대방의 상상력을 자극할 만한 모호한 말을 통해 유혹의 힘을 발휘해야 한다. 모호한 말은 자신이 원하는 대로 해석할 수 있는 요지가 있어 상상력을 불러일으킬 수 있다.

　말이라는 것은 사람의 감정, 생각과 고스란히 드러낸다. 그래서 상대가 원하는 말을 들려주면 자연스럽게 관심을 이끌어낼 수 있다. 상대는 그것이 자신에 대한 호감이라 생각한다. 이때 상대방의 마음을 꿰뚫어볼 수 있는 능력이 필요하다. 그저 달콤한 말을 내뱉는다고 해서 상대가 호감을 갖는 것은 아니다. 또 자신의 견해를 일방적으로 토로해서도 안 된다. 상대방의 현재 심리상태, 욕망 등을 헤아려 혼란에 빠뜨릴 수 있는 언어를 구사해 즐거움을 제공해야 한다.

　상대가 관심을 갖고 귀를 기울일 만한 유혹의 언어를 적절히 구사해야 한다. 그것은 바로 상대방의 일상과 관련된 말을 의미한다. 상대는 자신의 삶과 관련된 말을 들으며 지난날을 추억하며 상상의 나래를 편다. 그러면서 즐거움을 느끼고 감정의 변화를 일으킨다. 이때 상대가 즐거움보다 문제점을 많이 드러낸다고 판단되면 곧바로 화제를 돌려 흥미롭게 분위기를 이끌어야 한다. 잠시나마 자신의 어두운 면은 잊고 밝은 생각을 하도록 유도해야 한다. 그러면서 희망의 메시지를 전하며 곁에서 힘이 되어 줄 것을 다짐하면 상대는 쉽게 감동을 받게 된다.

상대방의 아픈 곳을 적절히 만져줄 때 마음의 문이 열리는 것이다. 남들이 잘 사용하지 않는 아첨이나 칭찬의 말도 효과적이다. 다른 사람들이 미처 발견하지 못한 상대방의 숨은 능력을 들춰내 칭찬해 주는 것도 좋은 방법이다. 특히 웃음을 유발할 수 있는 가벼운 농담이나 유머를 통해 분위기를 전환할 수 있다. 웃음은 긴장을 떨어뜨려 마음의 빗장을 풀고 상대를 받아들일 여건을 조성한다.

3. 사소한 것에 대한 관심도 보여야 한다

사람은 누구나 관심 받기를 좋아한다. 더구나 누군가 나에게 사소한 것에 대해서도 관심을 보인다면 쉽게 호감이 가게 마련이다. 좋아하는 음식, 좋아하는 옷 스타일, 좋아하는 운동 등에 대해 미리 파악을 하고 대처한다면 상대는 유혹자의 섬세함에 감동을 받는다.

상대방의 감각을 자극할 수 있는 사소한 선물이나 조촐한 기념행사를 통해 즐거움을 전할 수 있다. 상대가 모든 감각을 열고 즐거움을 만끽한다면 그만큼 마음의 여유를 갖게 된다. 마치 어린아이처럼 순수한 상태가 되어 경계심을 무너뜨린다. 지루한 일상을 잠시 잊고 먼 곳을 여행하는 듯한 착각에 빠지게 된다. 이처럼 상대가 사소한 것에 빠져들면 접근하기가 훨씬 쉬워진다. 특히 상대가 좋아하는 스타일의 옷을 입고, 상대가 즐기는 취미를 함께 즐긴다면 강한 호감을 이끌어낼 수 있다. 상대는 자기 자신을 위한 배려라 생각하고 깊은 감동을 받게 된다.

이밖에 상대가 추억을 떠올릴 만한 의미 있는 선물도 좋다. 오히려 값비싼 선물보다 주는 사람의 정성이 느껴져 감성을 자극할 수 있다. 상대를 향한 세심한 배려는 그 효과가 오래도록 지속된다. 그러니 유혹에 성공하려면 상대방의 사소한 것 하나까지 절대 놓쳐서는 안 된다. 식사, 여행, 선물 등에 각각의 의미를 담아 상대를 감동시켜야 한다. 표정이나 태도, 그리고 행동을 통해 상대방의 상상력을 자극해야 한다. 이것은 어떠한 말보다도 상당히 효과적인 유혹의 수단임을 명심해야 한다.

4. 강한 인상으로 환상에 빠지게 해야 한다

상대와 친근감이 쌓이면 어느 정도 거리를 두고 상대방의 애간장을 녹여야 한다. 이때 시각적인 이미지나 선물을 통해 강한 인상을 남기는 것도 좋다. 그러면 상대는 유혹자를 떠올리며 이상적으로 생각하게 된다. 그렇기 때문에 밀고 당기는 식의 적절한 전략을 구사해야 한다. 때로는 친근하게 다가섰다가, 일정한 거리를 두고 상대방의 애를 태우는 방식이다. 상대에 따라 짓궂게 행동하며 '나쁜' 이미지를 풍겨줄 필요도 있다. 상대로 하여금 쉽게 손에 넣을 수 없는 사람이라는 인식을 심어 줘야 한다. 그래야 강한 애착을 불러올 수 있다. 그 애착은 곧 환상으로 변한다.

환상은 불안감을 동반한다. 자신에게서 멀어질 수 있다는 불안한 심리는 특별한 매력으로 다가온다. 남달리 특별한 매력을 느껴 신비로움과 동시에 환상적인 분위기에 빠져든다. 자신만의 즐거운 상상을 통해 온통 환상과 꿈으로 가득 차게 된다. 유혹자는 이 점에 착안해야 한다.

영화, 연극, 음악회 등 상대와 문화적 교류를 통해 공감대를 형성하는 것도 중요하다. 둘만의 달콤한 데이트는 환상을 자극하는 데 매우 효과적이다. 점점 더 유혹자의 존재를 크게 느끼게 된다.

서로 공유한 시간에 대한 추억을 회상할 수 있는 선물을 전하는 것은 유혹의 열쇠가 된다. 사소한 선물을 통해 상대는 유혹자를 그리워하며 즐거운 상상에 빠진다. 이처럼 유혹은 지속적인 효과를 발휘할 수 있어야 한다. 상대에게 강인한 이미지를 심어, 항상 유혹자의 존재를 떠올리며 자신도 모르는 사이에 의지하게 만들어야 한다.

5. 동정심을 자극해 진심을 보여야 한다

나약한 모습은 상대방의 동정심을 유발시킨다. 자연스러운 모습을 통해 상대에게 믿음을 전할 수 있다. 사람은 진실한 사람에게 호감을 느끼는 법이다. 상대방의 동정심을 자극해 연민의 감정을 끌어낸 다음, 그것을 사랑의 감정으로 변화시키는 작업이 필요하다.

지나치게 완벽한 모습은 의심을 불러오지만, 나약한 마음과 지친 모습은 상대에게 진실한 사랑을 전할 수 있다. 그러면서 상대에게 우월의식을 심어 줄 수 있다. 즉, 자신의 약점을 과감히 드러내 상대에게 보여줄 때 신뢰가 쌓이고, 자연스럽게 유혹을 할 수 있는 것이다. 어딘가 모르게 지쳐있거나 불안한 모습은 경우에 따라 매력으로 작용한다. 따라서 자신의 약점을 숨기기보다는 효율적으로 활용해 장점으로 부각시켜야 한다.

인간미는 유혹의 결정적인 단서가 된다. 자신의 부족한 부분을 내비치면서 인간미를 보여준다면 상대는 마음의 벽을 허물고 더욱 깊은 사랑에 빠진다. 유혹자의 본심을 들키지 않으며 상대방의 우월감을 높여줄 수 있다.

하지만 지나치게 약점을 노출시키고, 자기감정을 추스르지 못해 비굴하게 행동하는 것은 금물이다. 적절하게 표현해야 약점인 것이지, 과도하게 드러내는 것은 약자로 오해받을 수 있다. 그러면 상대는 미래에 대한 불안감으로 포기해 버린다.

상대가 느끼는 감정의 깊이에 따라 적절히 움츠려야 관심을 받을 수 있다.

6. 환상 속에 현실을 가두어야 한다

　내 삶을 송두리째 바꾸어 놓을 누군가를 만난다는 것, 이것은 꿈이자 환상이다. 고단한 현실로 인해 절망에 빠진 사람들은 늘 모험과 탈출을 꿈꾸며 살아간다. 그러면서 누군가 나타나 자신의 손을 이끌고 환상의 세계로 가 주기를 희망한다. 기적 같은 변화를 꿈꾸며 스스로 환상에 젖고 있다.
　유혹자는 이들의 환상을 현실로 바꾸어 놓을 수 있어야 한다. 상대가 갈망하는 것보다 더 큰 착각을 불러일으킬 만한 환상을 심어 줘야 한다. 그리고 그것이 곧 실현될 것이라는 기대감과 호기심을 자극해야 한다. 그러기 위해 천천히 신뢰를 쌓아 믿게 만들어야 하며, 상대방의 욕망을 자극해 환상에 젖게 해야 한다. 감정에 휩싸여 이성적인 판단을 내릴 수 없는 시점이 되면 상대는 이미 완벽한 환상 속에 빠져 현실을 잊고 있는 것이다.
　현실과 비현실의 혼합! 비로소 상대방의 상상력을 자극할 수 있다. 자신이 열망하는 것이 눈앞에 곧 펼쳐질 것 같은 착각을 통해 환상에 빠지도록 유도해야 한다. 사람은 상상을 통해 감정적인 변화를 겪고, 그 감정이 착각을 불러일으켜 환상 속에 현실을 묻으려 한다. 귀족 같은 삶, 낭만적인 사랑 등 상대방의 이상에 동의해 주고, 그것을 실현시켜 줄 수 있다는 믿음을 줘야 유혹에 성공할 수 있다. 그러면 상대는 곧 현실을 까맣게 잊고 환상의 세계로 빠져들게 된다.

7. 고립시킨 후 손을 내밀어야 한다

겉으로는 강해 보이는 사람도 속을 들여다보면 나약하기 이를 데 없다. 누군가로부터 고립을 당한 상황이라면 그 두려움으로 인해 다른 사람에게 의존할 수밖에 없다. 이처럼 상대방의 모든 것을 차단시키고 고립시킨다면 감정적으로 변해 다루기가 한결 수월해진다.

한 번 고립된 사람은 혼자 있는 것이 두려워 엄마를 찾는 아이처럼 바싹 붙어서 떨어지지 않는다. 이를 통해 상대방의 습성을 바꾸고, 여태 느껴보지 못한 것들에 대해 새로운 도전을 경험하게 할 수 있다. 상대는 그동안 자신이 경험하고 의지해 오던 것들을 서서히 잊게 된다. 이제 고립되고 무력화된 상대를 점령하면 되는 것이다.

상대를 고립시키기 위해서는 확실한 주변 정리 작업이 필요하다. 이를테면 유혹의 가장 큰 장애물이라 할 수 있는 가족이나 친구들로부터 철저히 고립시켜야 한다. 그들에게 조언을 요청할 수도, 의지할 수도 없는 상황으로 만들어야 한다. 부모나 친구들은 어긋난 시각으로 세상을 바라보며, 진정한 사랑이 무엇인지 알지 못하는 사람들이라는 인식을 강하게 심어 줘야 한다. 그러면서 자신만이 상대에게 삶의 즐거움과 행복을 되찾아 줄 수 있는 유일한 사람이라는 것을 인식시켜야 한다. 그리고 현실 속에서 즐거움과 행복을 누릴 수 있는 기회를 제공해 과거를 모두 잊게 만들어야 한다.

과거 속의 어느 사람과 현재의 유혹자를 비교할 수 없게 만드는 과정이 중요하다. 오직 현재의 즐거움과 행복이 가장 소중하다는 것을 일깨워 줘야 한다. 과거로부터의 2차적인 고립을 통해 유혹에 더 깊이 빠져들게 해야 한다.

주변 사람들에 대한 격리, 과거에 대한 상실만이 유혹의 성공을 좌우한다. 그러기 위해 상대를 자극할 만한 특별한 상황을 연출하여 상대가 곁눈질할 수 없도록 만들어야 한다. 점차 무력화시켜 색다른 즐거움에 흠뻑 젖도록 해야 한다.

이때 상대방의 의구심을 자극해서는 안 된다. 의심을 품을 수 없도록 적극적인 관심을 기울여 상대가 열망하는 것을 알아서 처리해 줘야 한다. 그래야 다른 생각을 하지 않고 근심으로부터 자유롭게 해방될 수 있다. 자극적인 신비감을 더해 유혹의 즐거움과 행복을 만끽할 수 있도록 해야 한다. 가족, 친구, 종교 등 세상과 단절된 상태에서 상대는 적극적으로 매달릴 수밖에 없다.

'원 나잇 스탠드'로
지속적인 만남 유지하기

처음 만나 애정이 없는 상황에서 섹스를 했다면 두 사람의 만남을 계속 이어갈지 고민하게 된다. 그것은 섹스의 만족도에 따라 크게 좌우된다. 서로의 속궁합이 잘 맞았다면 만남을 지속할 것이고, 섹스가 그리 만족스럽지 못했다면 지속적인 만남은 유지될 수 없다.

상대방의 마음을 알고 싶다면 섹스 후 그 사람의 말과 행동에 주목해야 한다.

1. 아침에 일어나 슬그머니 나간다.
2. 섹스 후 허둥지둥 화장실로 달려간다.
3. "또 연락할게"라는 말을 남긴다.

이 유형은 대체로 헤어지는 경우가 많아 한 번의 섹스로 만족해야 한다.

1. 아침에 일어나 서로 얼굴을 쳐다보며 빙긋이 웃는다.
2. 상대를 바라보며 "안녕, 잘 잤어?" 하고 안부를 묻는다.
3. 상대를 바라보며 "식사 같이 할까?" 하고 말한다.

이 유형은 섹스를 떠나 서로에게 호감을 느낀다는 것이다. 지속적인 만남을 통해 뜨거운 사랑을 다시 나눌 수 있다. 섹스 뒤에 찾아오는 여운을 통해 가슴 뭉클한 순간을 경험할 수 있다.

아무도 알려주지 않았던 유혹의 비법, 여기에 있다

유혹의 효과를 극대화하려면 무력감에 빠진 상대에게 절망의 고통과 희망의 기쁨을 더욱 강렬하게 전해야 한다. 즉, 상대에 대한 사랑을 적극적인 행동을 통해 보여줘야 한다. 상대를 향해 무엇이든 해 줄 수 있다는 희생정신을 보여줄 때 비로소 상대는 유혹에 넘어가게 된다.

상대방의 억눌린 욕망과 지친 상처를 어루만지며 지루한 일상에서 벗어나 다시 한 번 새로운 꿈을 향해 나아갈 수 있다는 확신을 심어 줘야 한다. 부모나 자식, 그리고 친구 등의 조언자 역할을 통해 상대방의 감정을 자극할 수 있어야 한다. 그러면서 상대가 자신의 치부를 자연스럽게 드러내 새로운 즐거움을 맛볼 수 있도록 해야 한다.

그리고 운명에 빗대어 강하게 유혹해야 한다. 유혹하는 이유가 단순한 욕망 때문이 아닌, 피할 수 없는 운명처럼 받아들이게 해야 한다. 정신적인 사랑은 고상한 것이며, 육체적인 애정은 숭고한 것임을 인식시켜야 한다. 상대를 낭떠러지로 몰아가며 공포 분위기로 위협을 가하는 것도 좋다. 불안한 상황은 긴장감을 고조시켜 적극적으로 매달리게 한다. 적절한 고통으로 상대방의 마음을 뒤흔들어 놓을 수 있다는 것을 명심해야 한다.

1. 행동으로 사랑을 입증해야 한다

말뿐인 사랑은 상대방의 마음을 움직이지 못한다. 말과 행동이 일치될 때 상대는 비로소 진정한 사랑의 가치를 믿는다. 또 상대를 위해 희생할 각오가 있다는 것을 행동으로 보여줄 때 유혹의 힘은 더욱 강력해진다. 즉, 사랑은 행동으로 입증해야 하는 것이다.

진정한 사랑을 행동으로 보여주는 방법은,

첫째, 상대가 어려움에 처하거나 어떤 부탁을 해 오면 주저하지 말고 해결해 줘야 한다. 그것은 예측할 수 없는 상황으로 번지기 때문에 항상 마음의 준비를 하고 있어야 한다. 이때 상대가 기대하는 것 이상으로 시간과 돈을 투자해야 한다. 상대방의 요구가 조금은 지나치더라도 기꺼이 응하는 태도를 보여야 한다. 자신을 시험해 볼 수도 있기 때문이다.

둘째, 의도적인 상황을 만든 뒤 돈키호테처럼 나서서 어려움에서 구해 줘야 한다. 미리 계획된 상황에 따라 적절히 행동을 보여주면 된다. 상대방의 환심을 사기 위한 최고의 수단으로써 상대를 의도적으로 곤경에 빠뜨리는 것이다. 그리고 돈키호테처럼 나타나 어려움 속에서 상대를 구출해내면 된다. 그러면 상대는 깊은 감동을 받아 뜨거운 애정을 발산한다. 용기 있고 과감한 행동은 자연스럽게 호감을 불러일으키며 강한 믿음을 갖게 한다.

상대방의 어려움을 해결해 주는 적극적인 행동은 '내가 당신을 얼마나 사랑하고 있는가'를 그대로 확인시켜 줄 수 있다. 이를 통해 상대방의 모든 의심을 잠재울 수 있는 것이다. 성급한 마음에 실수를 저지를 수도 있다. 그러나 그것은 중요하지 않다. '나 자신보다 너를 위해 무엇이든 할 수 있다'라는 것을 행동으로 보여줌으로써 진실한 사랑을 입증하면 되는 것이다.

2. 부모, 자식, 친구 등 조언자로 나서야 한다

부모, 자식, 친구의 역할을 통해 친밀감을 형성할 수 있다. 그러면 상대는 과거의 추억을 떠올리며 새삼 색다른 즐거움에 빠진다. 부모 역할을 통해 언덕이 되어 주고, 자식의 입장에서 기쁨을 주고, 친구가 되어 고민을 함께 나눈다면 깊은 사랑을 이어갈 수 있다.

사람은 누구나 각자 짊어져야 할 책임이 있다. 그렇기 때문에 감성에 빠질 여유가 없고, 지난 고통을 묻은 채 즐거움만 기억하려 한다. 누구나 어린 시절을 갈망하고, 좋은 추억을 회상하며 가혹한 현실을 잠시 잊으려 한다. 이처럼 감성적인 상태가 되면 사람은 누구나 자신의 은밀한 내면을 보여주고는 한다. 여기에는 상대방의 약점과 현재의 정신상태가 고스란히 드러난다. 유혹자는 이 점을 노려야 한다. 추억을 회상하며 상대가 들추어내는 상황, 말투, 표정, 몸짓 등을 통해 감정 변화를 잘 포착해야 한다. 이때 상대가 하는 말을 곧이곧대로 믿어서는 안 된다. 사람은 흔히 자신의 속마음과는 정반대로 이야기하는 경우가 흔하다.

예를 들어 아버지를 증오하면서 사랑을 이야기하기도 하며, 자식에 대한 애정을 과시하면서 욕을 하기도 한다. 그것은 아버지와 자식에 대한 실망감을 애써 감추기 위한 의도다. 또 이와 반대인 경우도 있다. 그러니 유혹자는 상대방의 감정변화를 잘 읽어야 한다. 그러면서 관심을 갖고 적절한 호응을 해 줘야 한다. 상대방의 감정 전이를 자연스럽게 받아들여야 한다.

지금 상대에게 가장 필요한 사람이 누구인가? 유혹자는 이 점을 면밀히 분석해 즉각 반해야 한다. 애정이 결핍된 사람에게는 자상한 역할을, 고민이 많은 사람에게는 친구의 역할을 대신하며 불만족스러운 상황을 해결해 줘야 한다.

사람은 누구나 과거의 삶에 대해 현실 속에서 보상을 받고 싶어 한다. 부모에게 의존하고 싶어 하는 유아기적 심리, 애정 결핍 콤플렉스, 환상에의 집착, 과거로의 회귀 본능 등 상대방의 감정변화에 따라 그에 맞는 역할을 담당해야 한다. 힘들 때 언덕처럼 기댈 수 있는 부모, 다시 무한한 사랑을 줄 수 있는 부모, 어린 시절 꿈과 희망을 간직한 자식, 자신의 모든 고민을 해결해 줄 수 있는 친구 등 역할이 다양하다.

3. 금지된 욕망에 자유를 줘야 한다

　신성하거나 속된 것, 깨끗하거나 부정한 것, 특별히 금해야 하는 말이나 행동 등 사람은 늘 엄격한 사회적 규율에 맞추어 금지된 욕망을 억누르며 살아간다. 이것을 과감히 깨뜨릴 때 진정한 자유를 맛볼 수 있다는 것을 모른다. 나이, 결혼, 가족 등에 얽매여 자신을 가두어 놓는다. 이런 제한사항을 뛰어넘어 새로운 즐거움을 맛보게 해야 한다.
　사람은 누구나 금지된 것을 뛰어넘으려는 욕망이 가득하다. 부모가 하지 말라는 것을, 해서는 안 되는 줄 뻔히 알면서도 기꺼이 저질러놓고 보는 아이들과 성향이 흡사하다. 금지된 것을 뛰어넘었을 때 느끼는 기쁨의 감동을 잊지 못하는 것이다.
　그러나 어른으로 성장하며 금지된 욕망을 억누르고 살아간다. 그러면서 내면에는 욕망을 발산하려는 욕구가 강하게 일어난다. 살인, 강도, 강간, 불륜, 근친상간 등의 범죄행위는 누구나 발산하고 싶어 하는 어두운 욕망인 것이다. 사회적 규제를 벗어날 수만 있다면 누구나 한 번쯤 해 보고 싶어 한다. 이것은 내면 깊숙이 자리 잡아 아무도 알 수가 없다.
　유혹자는 상대방의 내면을 비집고 들어가 잠자고 있는 욕망을 일깨워야 한다. 금지된 욕망을 깨뜨려 진정한 자유를 제공한다면 놀라운 효과를 보게 될 수 있다. 이것이 유혹의 힘이다. 그것은 단순한 환상이 되어서는 안 된다. 과감한 행동으로 상대와 함께 금지된 선을 넘어야 한다. 그리고 다양한 쾌락을 경험하면서 거침없이 나아가는 것이다. 이미 상대는 돌이킬 수 없는 상황으로 치달았다.

인간의 본성은 이런 것이다. 일단 금지된 선을 뛰어넘고 나면 더욱 강한 욕망에 사로잡히게 된다. 유부남과 유부녀의 불륜처럼 멈추는 시점을 알지 못한다. 이처럼 유혹은 때로 악마적 본성을 자극한다.

금지된 욕망을 깨뜨렸다는 즐거움과 함께 둘만의 은밀하고 짜릿한 비밀을 간직하게 된다. 사회적 규제를 벗어나 범죄를 저지르고 있다는 짜릿한 스릴을 느끼며 유혹의 힘을 발휘하는 것이다. 이처럼 사회적 금기 사항을 적절히 활용하면 유혹의 힘은 생각보다 커진다.

4. 정신적인 유대감을 조성해야 한다

정신적인 유대감을 형성할 때 비로소 육체적인 결합이 성사되는 것이다. 처음부터 육체적인 욕망을 발산한다면 상대방의 의심을 사게 됨은 물론 유혹에 대한 환상도 깨지게 된다. 진정한 정신적 교감이 완성되었을 때 섹스조차도 영혼의 결합이라 여기게 된다.

물론 유혹은 쾌락을 전제로 시작된다. 그렇지만 유혹의 목적이 섹스가 되어서는 안 된다. 유혹에 못 이겨 상대가 섹스에 응한다 하더라도 유혹자의 동물적인 본능에 실망을 느끼게 된다. 그러면서 자연스레 불안한 심리가 작용하여 결국 유혹은 실패로 돌아간다.

하지만 정신적인 교감이 완성되면 육체적인 유혹은 자연스럽게 진행되는 것이다. 다시 말해 상대와 정신적인 유대감이 조성되면 육체적 결합인 섹스는 성스럽고 고상한 의미로 느끼게 된다. 상대방의 정신을 지배하는 완벽한 유혹이 성공을 거두면, 섹스는 동물적인 본능을 초월해 자연의 순리처럼 무리없이 진행된다. 결국 유혹은 정신적 유대감의 완성인 것이다.

상대와 정신적 교감을 이루기 위해서는 종교나 문화예술에 관심을 가져야 한다. 종교적인 관점에서 신비스러움을 연출해 상대에게 접근한다면 쉽게 영혼을 사로잡을 뿐만 아니라, 정신과 육체는 하나라는 인식을 심어 주므로 어렵지 않게 섹스를 즐길 수 있다.

또한 예술작품을 감상한다거나 오페라 등의 문화행위를 같이 즐긴다면 누구나 정신이나 기분이 한층 상승되어 환상에 빠지기가 쉽다. 이밖에 영화나 연극, 책 등을 통해서도 고상한 분위기를 연출해 정신적 유대감을 형성할 수도 있다. 그러면서 섹스에 대해 접근해 나간다면 상대를 충분히 무너뜨릴 수 있는 것이다.

정신과 육체의 완벽한 조화! 섹스에 대한 갈증은 더욱 심해지고 쾌락의 농도는 더욱 짙어진다.

5. 적절한 고통을 통해 쾌락을 주어야 한다

상대를 유혹하기 위해서는 긴장된 분위기를 조성할 필요가 있다. 긴장이나 불안감이 해소될 때 진정한 기쁨을 누릴 수 있기 때문이다. 이를 통해 에로틱한 감정의 지속을 유지할 수 있다. 그렇기 때문에 불안한 상황을 만들어 상대에게 긴장감을 불어넣어야 한다. 그리고 적절한 시기에 긴장감을 해소시켜 감정을 고조시켜야 한다. 유혹은 밀고당기는 게임이다. 스릴 넘치는 게임을 통해 육체적 쾌락 못지않은 짜릿한 감동을 경험할 수 있다.

고통의 정도에 따라 뒤에 찾아오는 희열도 증가한다. 예를 들면 질투심을 유발해 자신을 증오하게 만든 다음, 그 이상으로 사랑해 준다면 그 기쁨과 행복은 정말 짜릿한 것이다. 상대를 더 확실하게 끌어당겨 옭아맬 수 있는 것이다. 또 상대방의 약점을 노려 갈등을 조장하는 방법도 있다. 갈등이 증폭되었을 때 상대방의 노여움을 풀어 준다면 그 효과는 잔인하리만큼 통쾌한 결과를 가져온다.

냉정한 모습 뒤에 포근함을 숨기고, 두려움과 불안 뒤에 평온함을 전해 준다면 유혹은 걷잡을 수 없는 힘을 발휘한다. 언제 헤어질지 모른다는 불안감 조성. 이것이 유혹의 잔인한 습성이다.

사람에게는 이러한 고통을 은근히 기대하는 심리가 있다. 누군가 자신을 무너뜨리고, 증오해 주기를 바란다. 이런 유형의 사람들에게는 적절한 고통이 필수적 요소가 된다. 이들은 고통을 내면으로 즐긴다. 따라서 고통과 기쁨을 적절히 구사하여 유혹의 힘을 보여줘야 한다.

또 자신감이 결여되어 스스로 벽을 쌓고 사는 사람들이 있다. 항상 불안에 떨며 심적 고통에 시달린다. 이때는 거칠게 상대를 대하는 태도가 필요하다. 그러면 아무런 잘못도 없는 상대는 화를 내며 자기 자신을 돌아보게 된다. 이 시기가 되면 유혹자는 모습을 바꾸어 온화하고 상냥한 표정으로 상대에게 접근해야 한다. 그러면 상대는 안정을 되찾게 된다. 공격과 비판, 그리고 용서와 이해를 통해 상대방의 무의식을 자극하는 것이다. 상대는 유혹자의 인정을 받기 위해 마음속에 담아두었던 것을 모조리 꺼낸다. 이렇게 해서 상대는 결국 해방감을 맛보는 것이다.

이처럼 유혹은 상대방의 의지를 완전히 꺾어야 비로소 완성되는 것이다. 이런다고 해서 상대가 등을 돌리는 일은 결코 없다. 오히려 그것을 관심과 매력이라 생각하고 더욱 끌려든다. 그러니 안심하고 마음껏 유혹을 즐겨라.

뛰는 가슴을 잠재우는 비결은

남녀가 오랫동안 만남을 지속하다 보면 매너리즘에 빠지고는 한다. 그러나 이런 매너리즘을 잊고 사는 방법이 있다. 만일 그가 피곤한 기색으로 데이트에 나왔다면, 그의 손을 잡고 가볍게 흔들어 주면서 명랑한 목소리로 말을 하라.
"날씨 참 좋다. 그치? 우리 오늘 뭐 먹으러 가지?"
아무리 피곤에 지친 남자라도 사랑하는 여자의 밝은 목소리를 들으면 금세 기력을 회복한다. 활기찬 목소리로 남자의 옷소매를 잡아당기며 응석을 부리면 남자는 잠에서 깨어난 듯 바로 활력을 되찾는다. 여자의 환한 미소가 남자의 마음을 움직인다.

8장

헤어진 연인을 돌아오게 하는 유혹의 비결은 따로있다

다시 만나면 당신은 프로

헤어진 연인을 잊지 못해 다시 만나고 싶어 하는 사람들이 생각보다 많다. 왜 사람들이 재회를 꿈꾸는가? 대체로 연인과 이별을 한 사람들은 연인과 헤어지게 된 이유를 명확하게 설명하지 못한다. 그러기에 미련이 남는 것이다. 그 이유를 상대에게 물어보고 싶어 하지만, 이미 등을 돌린 상대는 말이 없다.

헤어진 연인과의 재회를 꿈꾼다면 일단 상대방의 마음이 정말 떠난 것인지, 아니면 감정싸움으로 인해 홧김에 돌아선 것인지를 확인해 볼 필요가 있다. 원인을 알지 못한 채 잘못했던 것을 고친다고 해서 헤어진 연인이 돌아오지는 않는다. 그리고 상대에게 생각할 수 있는 시간을 주어 감정을 움직여야 한다. 상대방의 마음을 되돌리려 무작정 매달리는 것은 오히려 상대방의 경계심만 부추긴다.

"나를 잊지 않았을까?"
"다른 사람이 생긴 건 아닐까?"

이런 불안한 마음이 예기치 못한 행동을 초래하여 상대를 더욱 멀리 달아나게 할 수 있다는 것을 명심해야 한다. 굳게 닫혔던 마음을 다시 열고 다가오는 것은 어디까지나 상대방의 권리인 것이다. 다시 만나는 데만 급급해서 성급하게 행동하거나 되지도 않는 말을 내뱉는다면 역효과를 초래하게 된다. 이 때 상대에게 지나치게 집착하는 모습을 보여서도 안 된다.

헤어진 연인을 다시 돌아오게 하기 위해서는 최소 2주간의 생각할 시간을 상대에게 부여해, 진지하게 대화로 풀어가야 한다. 그동안 자기 자신에 대한 충분한 성찰이 필요하다.

1. 충분히 반성해야 한다

상대에게 '좀더 잘해 줄걸', '충분히 이해해 줬어야 하는데', '사랑한다고 더 많이 표현했어야 하는데' 등의 후회와 함께 스스로 반성의 시간을 가져야 한다. 많은 고민을 통해 스스로 자책하고 지난날에 대한 반성을 했을 때 비로소 재회할 준비가 된 것이다.

또 상대에게 말도 안 되는 욕심을 부리지 않았는지, 내 욕망만을 일방적으로 표출하지 않았는지, 상대방의 잘못에 대해 너그럽게 대했는지, 한계를 극복하기 위해 어떤 노력을 기울였는지 등에 대해 면밀히 살펴봐야 한다. 결국 연애는 감정에 의해 성패가 좌우된다는 것을 인지해야 한다. 감정이 녹아내려 사랑을 하고, 감정이 격해져 이별을 하는 것이다.

친구나 동료에게는 관대하면서도 연인에게는 야박하게 굴고 구속하려 하는 사람들이 많다. 또 사랑이라는 이유로 상대에게 끝없이 기대하고 무언가를 바란다. 이와 반대로 자격지

심과 피해의식으로 상대를 불안과 두려움에 떨게 한다. 이로써 행복해야 할 시간을 불행으로 만드는 경우가 있다.

　이 모든 것에 대해 충분히 고민하고, 고뇌해야 하며, 반성해야 한다. 이러한 각오가 되어 있지 않다면 재회는 꿈도 꾸지 마라.

2. 다른 모습으로 변해야 한다

　자신의 모습을 변화시킨다는 게 말처럼 쉽지만은 않다. 순간적으로 변화할 수 있지만, 귀소본능처럼 이내 본래 자신의 모습으로 돌아가고 만다. 그러나 철저히 다른 모습으로 변하지 않는다면 헤어진 연인과 다시 만나기는 어렵다. 설사 재회에 성공했다 하더라도 관계가 그리 오래 가지는 못한다.

　"왜 내가 변해야 해? 잘못은 상대에게 있는데?"

　이런 생각을 갖고 있다면 재회를 포기해야 한다. 그것은 본인 스스로 변할 의지가 약하거나 없다는 것을 여실히 보여주고 있는 것이다. 상대가 먼저 자신의 욕망을 채워 주기를 기대한다면, 그것은 부모도 해 줄 수 없는 '무조건적인 사랑'에 대한 '강요'라는 것을 인식해야 한다.

　이것이 이별의 가장 큰 요인으로 작용했을 가능성이 크다. 이런 그릇된 습성부터 과감히 버려야 한다. 그리고 뭐든지 '내 맘대로' 하면서 상대를 구속하려는 마음을 버려야 한다.

서로 다른 환경에서 자라온 남녀가 일순간에 모든 것을 맞추기가 쉽지는 않다. 그렇기 때문에 연애를 시작하고 끝내는 사람은 많아도, 연애를 지속적으로 유지하며 사랑을 키우는 사람들이 적은지 모르겠다.

처음에 좋은 감정으로 시작했던 마음이 좀 익숙해지면 상대에게 노력을 강요하게 된다. 이러한 감정을 잘 찾아내 깨끗이 버려야 한다.

지금 새로운 사람을 만나려는 게 아니고, 헤어진 연인과 다시 만나고 싶다는 간절한 마음을 꼭 기억해야 한다. 그리고 자신을 과거와는 다른 모습으로 철저히 변화시켜야 한다. 왜 이별을 하게 되었는지에 대해서는 분명히 문제점이 존재한다. 그렇기 때문에 일단 본인 스스로 먼저 변해야 한다는 것이다. 그러지 않으면 상대는 절대 돌아오지 않는다. 설사 돌아왔더라도 결국 서로에게 또 다른 상처만 안겨 주게 된다.

재회를 꿈꾼다고? 그렇다면 현재와 다른 모습으로 무조건 변해야 한다.

3. 재회의 명분을 찾아야 한다

사람은 누구나 사랑에 대해 갈증을 느낀다. 그만큼 나약한 존재라는 것을 증명한다. 그래서 서로의 감정에 휘둘리게 되는 것이다. 그러나 이런 단순한 감정은 재회의 명분이 될 수 없다. 헤어진 '그 사람'을 다시 만나고 싶은 명백한 이유가 있어야 한다. 스스로 질문하고 답을 얻어야 한다. 그래야만 성공적인 재회를 이룰 수 있다.

'당장 혼자인 삶이 외로워서', '새로운 사람과 비교해 보니 전에 만났던 사람이 더 나은 것 같아서', '그 사람이 나를 가장 잘 이해해 주는 것 같아서', '그냥 익숙해서' 등등의 막연한 감정은 상대에게 또 다른 아픔만 줄 뿐이다. 자신의 막연한 감정을 한층 더 확대해야 한다.

"혼자된 삶이 외롭고 힘들어 다른 삶을 만났지만, 생각해 보니 헤어진 그 사람만 못하다는 것을 깨달았다. 그 사람만이 나를 가장 잘 이해해 줄 수 있다는 것을 알았다. 그래서 그 사람을 다시 만나 지금껏 못해 준 사랑을 흠뻑 쏟아 주고 싶다."

헤어진 연인과 다시 만나고 싶다면 최소한 이 정도의 명분을 만들어야 한다는 것이다. 결혼뿐 아니라, 연애도 현실이다. 자신의 감정만 앞세워 상대방의 마음을 돌리려 해서는 안 된다. 자신의 잘못으로 이별했음을 인정하고, 새로운 시작을 향한 각오를 다져야 한다.

남자에게
첫눈에 반했다?

상대에게 첫눈에 반한다는 것은 그만큼 친근감이 든다는 것이다. 여자가 남자에게 첫눈에 반하는 경우가 있다. 그러나 남자는 여자에게 관심이 없다. 어떻게 호감을 표현해야 하나? 그렇다면 그의 모습 중 가장 마음에 드는 부분을 찾아라. 말투, 표정, 몸짓, 옷 입는 스타일 등 그 무엇이라도 좋다. 무작정 흉내를 내보는 것이다. 처음에는 어색할지 모른다. 그러나 자꾸 하다 보면 익숙해진다. 그리고 남자에게 이렇게 말하라.

"나도 그거 좋아하는데. 어쩜 그렇게 나와 닮은 구석이 많지?"
남자는 자신에게 관심을 보이는 여자에게 매력을 느낀다. 표정과 몸짓, 옷 입는 스타일 등이 서로 비슷하면 일체감이 형성되어 서로 가까이 다가설 수 있는 여건을 조성한다.

9단계 유혹법 배워보기

　지금부터 하얀 종이 위에 헤어진 연인을 다시 만나고 싶은 이유를 적어라. 구체적으로 적어야 헤어진 연인과 다시 만나고 싶은 명백한 이유가 되는 것이다. 헤어진 연인과의 재회를 기대한다면 절대 나약한 감정에 휘둘리지 말아야 한다. 그리고 기다려라. 상대가 마음을 열고 다시 다가올 때까지! 긍정적인 생각과 함께 행동으로 보여주자.

유혹법 1단계 - 관찰하기

헤어진 연인과 다시 만나기 위해서는 자신의 행동을 잘 관찰해야 한다. 자기 자신을 비판하고 스스로 책망하기에 앞서 지금의 자기 행동을 유심히 살펴봐야 한다.

자기 자신에 대한 부정적인 인식은 어린 시절 부모로부터 야단을 맞을 때 듣던 말과 행위가 내면에 깊이 자리 잡고 있기 때문이다. 이런 부정적인 인식은 행동을 개선하는 데 있어 아무런 도움이 되지 않는다.

그런데도 대부분 사람들은 자신의 행동에 대해 후회를 할 때마다 스스로에게 부정적인 말을 던지는 못된 습관이 있다.

- "바보 같은 인간아!"
- "이런 식으로 해서 어떻게 인생을 살아갈래?"
- "너란 놈은 왜 변하지를 못하니?"
- "그러니까 그녀가 네 곁을 떠난 거야!"
- "그런 식으로 행동하면 어떤 사람이 널 좋아하겠니?"
- "그게 잘못된 행동이라는 걸 알면서 왜 바꾸지를 못하니?"

후회스러운 일이 있을 때마다 스스로에게 부정적인 말을 하면 오히려 자신감만 떨어뜨리고 만다. 내면에 자리한 강한 상실감에 짓눌려 자기 자신을 객관적으로 바라보지 못한다.

자신의 행동을 올바르게 바라보고 잘못된 행동에 대해 변화를 시킬 수 있도록 긍정적인 시각을 지녀야 한다. 자신에게 새로운 힘을 불어넣는 것만이 위안과 치유가 된다.
　가만히 자기 자신을 돌아보면 마음속에서 자신을 탓하는 수많은 목소리들이 들린다.
　특히 자신을 질책하는 부모의 노여움과 분노의 목소리에 커다란 상처를 받은 기억이 있다면, 현재 자신의 마음속에 이와 같은 자책이 강하게 남아 있을 것이다.
　현재 자신의 행동에 관해 변화를 꾀한다면 이런 부정적인 언어들을 말끔히 몰아내야 한다. 지나간 시간에 대한 후회를 하고 있다면 마음의 움직임을 따르지 말고, 이성적으로 판단해 스스로를 관찰해야 한다. 자존심을 무너뜨리지 않고 그릇된 행동을 이성적으로 바라볼 때 비로소 위안과 치유가 시작된다. 상대와 지속적인 관계를 유지하고 싶다면 자신의 행동을 진정으로 반성하고 더 좋은 모습으로 바꿀 수 있다고 전하라. 그러면 상대방의 사랑과 믿음이 더 단단해진다. 진심어린 말 한 마디로 상대방의 지지를 받을 수 있으며, 변화하는 데 걸리는 시간을 얻을 수 있다.
　그러나 현재 처한 상황으로 마음이 복잡하다거나, 자기 자신을 좀더 세밀히 들여다보고 냉혹한 판단이 필요하다고 여겨진다면 잠시 시간을 늦추는 게 좋다. 그렇다고 자신의 행동에 관해 지나치게 비관적이거나 그 정당성을 인정해서는 안 된다.

상대와 좋은 관계를 유지하려면 어떤 식으로 행동하는 게 좋은지 정확히 판단을 한 다음, 스스로에게 질문을 던져라.

- 상대에게 어떤 상처를 주었기에 헤어지게 되었는가?
- 무엇을 원했기에 그와 같은 행동을 했는가?
- 그것을 얻기 위해 무엇을 잃었는가?
- 그것이 진정 바라던 것이었나? 아니라면 어떤 상황을 기대했는가?
- 그런 행동을 했을 때 기분이 어땠는가?
- 돌이킬 수 없는 상황 앞에서 무엇을 했는가?
- 상대나 자신을 아직도 비난하고 있는가?
- 과거를 돌아보며 무슨 생각이 드는가?

남자가 '몰카'에 열광하는 이유는

남자는 여자의 사생활을 엿보며 은근히 즐기는 것을 좋아한다. 그래서 불 꺼진 방에서 혼자 몰래 포르노를 보는 것이다. 여자의 은밀한 사생활! 남자는 여기에 깊이 매료된다. 그러니 속이 훤히 비치는 란제리를 입고 남자를 유혹하기에 앞서 은밀한 부분을 엿볼 수 있는 기회를 제공해 줘라.

1. 긴 머리를 수건으로 닦아내며 욕실에서 나오는 모습
2. 샤워를 끝내고 나오는 화장기 없는 얼굴
3. 수선으로 머리카락을 말아올린 모습
4. 속옷을 입지 않은 상태로 수건으로 대충 가린 모습
5. 속옷을 입지 않은 채 커다란 티셔츠를 입은 모습

여자의 자연스럽게 풀어헤쳐진 모습은 남자의 상상력을 자극해 흥분을 고조시킨다.

유혹법 2단계 - 계기 확인

　사랑하는 사람과 헤어지게 된 계기가 무엇인지 잘 살펴봐야 한다. 상대와의 지난날을 기억하다 보면 헤어져야만 했던 순간들을 떠올릴 수 있다. 그 계기를 확인하다 보면 현재 자신의 모습을 쉽게 변화시킬 수 있다. 이를테면 감정의 대립, 육체적인 욕망, 생각 없는 대화, 굳은 표정, 과도한 행동 등 다양한 원인을 찾을 수 있다. 이밖에 주변 환경도 이별을 하게 되는 중요한 계기가 된다.

　이러한 이별의 조건들은 자신의 과거를 통해 현재에 이르렀다고 볼 수 있다. 본능처럼 굳어버린 그릇된 성격과 습성이 그 대표적인 계기가 된다. 부정적인 언어와 행동, 그리고 부정적인 생각들이 지금 자신의 변화를 가로막고 있다. 그것이 익숙해지며 올바른 판단을 세울 수 없게 된다. 그럴 필요성까지 망각한 채 살아간다. 이미 무의식적으로 자신의 내면을 지배하고 있는 것이다.

　대체로 사랑하는 사람과 헤어지게 되는 계기는 종합적으로 일어난다. 서로 얽히고 설켜 부정적인 결과를 가져온다. 이런 계기는 쉽게 확인되기도 하지만, 어디서부터 풀어야 할지 몰라 더욱 미묘한 감정에 휘말리게 된다. 이럴수록 사람은 결정적인 원인을 찾으려 한다. 현재 자신의 모습을 바라보며 관계가 깨지기 전에 일어났던 사건들을 기억해 내려 한다. 뿔뿔이 흩어진 퍼즐 조각을 맞추듯, 시간과 노력을 기울인다. 몇 시간, 그리고 며칠이 걸려 겨우 사건의 실마리를 건졌다면, 관계 파괴의 주체가 되기까지의 근본적인 원인을 찾게 된다.

누군가로부터 자신이 상처를 받게 된 계기, 그때의 느낌 등에 대해 고민해야 한다. 흩어진 기억들을 한 자리에 모으면 문제 해결의 실마리가 된다. 이를 통해 과거와 현재의 공통점을 알게 된다. 과거 속 인물들과의 비슷한 관계를 떠올리며 상황의 공통점을 파악해야 한다.

- 과거에 내게 무슨 일이 일어났는가?
- 언제부터 부정적인 반응을 보였는가?
- 현재의 상황이 과거와 비슷한가?
- 지금의 상대와 과거의 상대가 어떤 식으로 닮았는가?

자신에게 던지는 질문을 통해 얻은 답을 일일이 메모해 놓고 수시로 판단해야 한다. 자신의 감정을 잘 조절하면 연인과 헤어지게 된 중요한 단서를 발견하게 된다.

사람은 누구나 트라우마의 경험이 있다. 본래 이는 부모로부터 정신적·육체적인 학대를 받아 가면서 자라 온 결과 어떤 형태로든 부정적인 성향을 나타낸다. 여기에도 관심을 갖고 감정변화의 계기를 확인해야 한다.

시발점이 어디인가를 확인하고 원인을 찾을 수 있다면 앞으로 어떻게 행동할 것인지에 관해 기준을 마련할 수 있다. 그 기준에 따라 판단하고 행동한다면 상대와의 만남에 있어 더욱 유익한 모습을 보여줄 수 있는 것이다.

간혹 내면에 잠재돼 있는 부정적인 인식이 어떤 식으로든 행동으로 표출된다면 자신에게 이런 질문을 던져라.

- 그때도 이런 느낌이었는가?
- 그래서 어떻게 행동했는가?
- 그 후 마음이 편했는가?
- 마음속으로 무엇을 원했는가?
- 실제 결과는 어땠는가?
- 현재의 상황이 그때와 같다고 보는가?
- 이처럼 흥분하게 된 계기가 무엇인가?

본인 스스로 이런 질문을 던지다 보면 부정적인 시각을 갖게 된 계기를 확인하게 되고, 그 원인을 찾아 실마리를 풀어갈 수 있게 된다.

날마다 변신하는 여자가 좋다

여자의 세련된 옷차림은 남자의 마음을 두근거리게 한다. 그 세련된 기술은 바로 친밀한 정도에 따라 옷을 다르게 입고 나가는 것이다. 특히 첫 데이트와 두 번째 데이트를 할 때는 옷에 각별히 신경을 써야 한다.

1. 첫 데이트에는 '귀여움'을 콘셉트로 옷을 고른다.
    아직은 애인이 아니므로 소녀스러운 귀여운 모습을 통해 남자의 마음을 사로잡아야 한다.
2. 두 번째 데이트에는 '섹시'를 콘셉트로 옷을 고른다.
    첫 만남의 여동생 같은 이미지에서 벗어나 좀더 섹시한 모습으로 여자의 도발적인 매력을 보여줘야 한다. 남자는 서서히 빠져든다.
3. 세 번째 만남부터는 '평범'을 콘셉트로 평상복 차림으로 나가라.

일단 애인이 되고 나면 남자는 여자의 평상복에 관심을 갖는다. 살짝 말아 올린 헤어스타일, 예쁜 머리핀, 청바지와 티셔츠, 향수보다는 자연스러운 비누의 향기를 풍긴다면 여유롭고 느긋하게 데이트를 즐길 수 있다.

유혹법 3단계 - 자기중심적 태도 반성

　남들의 주목을 받으며 우월감에 사로잡힌 사람들은 자기중심적인 태도에서 벗어나기가 어렵다. 오직 이목을 끌기 위해 노력하며, 주목을 받지 못하면 이내 패배의식에 사로잡히고 만다.
　자기중심적인 태도는 상대에게 지나친 관심을 요구해 질리게 만든다. 상대방의 기분에는 전혀 관심이 없다. 오직 자신의 기분에 따라 상대를 묶어두고 자신의 뜻대로 탐욕을 일삼는다.

　- 무조건 자신에게 복종하도록 상대를 위협했는가?
　- 상대방의 관심을 받지 못하면 어떤 기분이 드는가?
　- 자기중심적인 태도로 어떠한 결과를 가져왔는가?

　이 질문에 스스로 답을 찾다 보면 연인과 헤어지게 된 원인 제공자가 누구인지 금세 알게 된다. 자기중심적 행동을 통해 무엇을 얻고자 했으며, 그로 인해 어떠한 결과가 나타났는지 면밀히 살펴봐야 한다.
　그리고 자기중심적 태도를 반성하기 위해서는 그동안 자신이 살아온 길을 되돌아보며 근원을 찾아야 한다. 이러한 행동이 습성처럼 굳어져 성인이 된 지금 여실히 드러나기 때문이다. 헤어진 연인과의 관계 회복을 위한 자기중심적 태도의 반성에는 7가지 단계가 있다. 이에 따라 연습하고 실천한다면 더욱 친밀한 관계를 지속할 수 있다.

1. 상황을 기록하라

평생 동안 이어진 자신의 자기중심적 행동을 객관적으로 바라보기란 쉽지가 않다. 자칫하면 자기 비판에 빠져 혼란만 초래할 수 있다. 그렇기 때문에 스스로 판단을 내리지 말고, 카메라가 되어 관찰만 시도해야 한다. 다른 사람들의 느낌을 통해 자신의 행동에 대한 그릇된 결과에 시선을 고정시켜야 한다.

- 자기중심적 태도에 대한 상대방의 반응은 어땠는가?
- 이에 대해 자신은 어떻게 반응했는가?

자신의 행동을 이해하고 그에 따른 결과가 어떻게 나왔는지를 깨닫는다면 잘못된 행동을 바꾸려는 욕망이 생긴다. 그러면서 변화를 위한 조건들을 찾게 된다.

2. 원인을 찾아라

어린아이는 부모의 관심을 독차지하려는 욕망으로 가득 차 있다. 아이가 지나친 관심을 받으려 하면 부모는 외면하고 만다. 이로써 아이는 부모의 관심을 여러 형제들과 공유하는데 익숙해지며, 성인이 되어서도 남들로부터 주목을 받는다는 것에 대해 집착을 하지 않는다.

이에 반해 성인이 되어서도 이목을 집중시키는데 집착하는 사람들은 올바른 관심을 받는 것에 대해 배우지 못했기 때문이다.

- 부모의 무관심 속에서 인정받으려 노력했는가?
- 그때의 기분이 어땠는가?
- 부모에게 관심 받지 못하면 두려웠는가?
- 자신이 지난날의 부모처럼 행동할 때 상대방의 기분은 어땠겠는가?

자기중심적인 행동의 근원을 찾아 과거의 정서가 현재에 이르러 어떠한 영향을 미치는지 알 수가 있다. 남들이 인정을 해주지 않으면 무시당하고 있다는 두려움으로 공포감을 느끼고 있는 자신의 모습을 보게 된다.

3. 자기중심적 행동이 유발되는 계기를 찾아라

자기중심적 행동을 자극하는 계기에는 어떤 것들이 있을까?

- 남들이 관심을 보이지 않을 때 기분이 어떤가?
- 남들이 지나치게 관심을 보일 때 어떤 생각이 드는가?
- 일상이 지루하다고 느낄 때 어떻게 행동하는가?
- 무시당하고 있다는 생각이 들어 두려우면 어떻게 반응하는가?
- 본인이 나서야만 분위기가 즐거워진다고 생각하는가?
- 남들이 관심을 가져 주지 않으면 따돌림당한다고 생각하는가?

행동의 변화를 꿈꾼다면 정확한 계기를 통해 다음 행동을 위한 준비를 철저히 해야 한다. 어린 시절로 돌아가 부모와의 관계에 있어 자신이 느꼈던 기분을 그대로 느껴보는 게 가장 효과적인 방법이다. 그리고 질문을 던져보자.

- 지금도 어렸을 때와 같은 방법으로 관심을 끌려 하는가?
- 상대에게 관심을 받기 위해 어떤 식으로 강요했는가?
- 원하는 것을 얻었을 때와 얻지 못했을 때의 기분은 어떤가?
- 그에 따라 어떻게 행동하는가?

자기중심적인 행동에서 벗어난다면 지금까지 느껴보지 못한 색다른 행복을 맛볼 수 있다.

4. 자기중심적 행동에 푹 빠지는 시점을 확인하라

자기중심적 행동이 심하게 표출되는 계기를 살펴보면, 현재 다른 모습으로 변화하려는 마음이 더욱 확고해진다. 그러기 위해서는 남들의 관심을 받지 못했을 때 느끼는 두려움에 관해 솔직해져야 한다.

- 상대방의 관심이 줄어들면 사랑이 식은 거라 생각하는가?
- 상대방의 관심을 진심이라 믿어본 적이 있는가?
- 상대와의 대화가 단절되면 두려운가?
- 상대방의 관심이 식으면 자신의 가치를 비관하는가?
- 상대가 다른 사람에게 관심을 보일 때 질투심과 경쟁의식을 느끼는가?
- 상대와의 사랑을 늘 확인해야 안심이 되는가?
- 남들이 자신을 인정해 주지 않으면 불안한가?

자신에게 던지는 질문과 답을 통해 두려움을 줄여나가야 한다. 그 두려움의 뿌리가 과거라도 좋다. 어린 시절의 감정이 현재까지 영향을 끼친다고 해도 꾸준한 노력을 통해 얼마든지 변화시킬 수 있다.

5. 다른 사람과 공유하는 삶을 배워야 한다

남들도 똑같이 관심을 받고 싶어 한다. 그리고 남이 자신의 얘기를 잘 들어줄 때 무한한 기쁨을 느낀다. 이 점에 착안하여 다른 사람과 삶을 공유하는 법을 익혀야 한다. 남을 칭찬할 줄을 알아야 하며, 남의 얘기에 귀를 기울여 주는 법도 익혀야 한다.

- 상대도 관심받기를 원한다.
- 다른 사람에게 질문을 할 때는 진지하게 해야 한다.
- 조언이나 충고는 상대가 원할 때만 해야 한다.
- 상대방의 말에 흥미를 가져야 한다.
- 상대방의 기분을 살펴 편안하게 해 줘야 한다.
- 내가 원하는 것은 남들도 똑같이 원한다는 것을 알아야 한다.

그동안 자신이 남들에게 지나치게 요구했던 것을 이젠 되돌려줘야 한다. 남들과 대화를 할 때 항상 이 점을 명심하며 대화에 응해야 한다. 관심은 서로 즐거움을 공유할 때 더 커지는 것이다.

6. 변하고 있음을 주변에 알려야 한다

자신이 변하고 있는 모습을 주변 사람들에게 알려야 한다. 제대로 변하고 있는지에 대해 조언을 구해야 한다. 헤어진 연인에게 이 사실을 알리면 가장 좋은 조언자가 될 수 있다. 처음에는 믿지 않으려 할 수 있지만, 자신을 바꾸려는 노력에 박수를 보낼 것이다.

과거 그릇된 행동에 관해 충고를 해 줄 수도 있다. 이때 모든 마음의 문을 열어 그대로 받아들여야 한다. 그러면서 자신을 바꾸는 일에 온힘을 기울여야 한다.

- 주변 사람들에게 자신을 바꾸려는 의지를 밝혀야 한다.
- 과거 자신의 부정적인 행동에 대해 솔직한 마음을 표현해 달라고 부탁해야 한다.
- 자신의 말에 상대 스스로 귀를 열도록 지켜봐야 한다.
- 다른 사람이 말을 할 때는 진심으로 들어줘야 한다.
- 자신의 모습을 바꾸는 데 필요한 충고를 부탁해야 한다.

혼자만의 힘으로는 결코 자신의 모습을 완벽하게 바꿀 수 없다는 사실을 알아야 한다. 주변의 도움을 받아 새로운 방향을 향해 나아가야 한다.

7. 욕구를 자제해야 한다

자기중심적인 행동을 자제한다는 것은 술과 담배를 끊는 고통과 흡사하다. 특히 남들 앞에 나서기를 좋아하는 성향은 마치 마약과도 같아서 그 욕구를 참는다는 게 여간 어려운 일이 아니다. 우월의식이 높은 사람이라면 더더욱 그러하다. 그러나 그러한 욕구를 자제해 계속해서 목표에 집중하는 것 이외에는 별다른 방법이 없다.

- 하루하루 자신의 행동에 대해 살펴봐야 한다.
- 나서고 싶은 욕구가 생겼을 때 어떻게 행동했는가?
- 상대방의 말을 얼마나 경청했는가?
- 그때 상대방의 표정이 어땠는가?

뜻대로 변화되지 않는다고 해서 자신을 비관하지 마라. 변화하는 과정에 대해 스스로 칭찬하고 힘을 줘야 한다. 노력을 기울이다 보면 자신이 가진 자신감 못지않게 다른 사람과 즐거움을 공유해 많은 인기를 얻게 된다.

"당신의 아이를 낳고 싶다!"

남자는 항상 책임감을 느끼며 살아간다. 그래서 여자에게 쉽게 결혼에 대한 말을 꺼내지 못한다. '나를 사랑하기는 하는 걸까?' 이런 남자를 바라보는 여자의 마음은 답답하기만 하다. 그렇다면 여자가 먼저 자신 있게 프로포즈를 하라.

데이트를 하다 보면 아기를 안고 지나가는 부부를 쉽게 목격할 수 있다. 이때 여자가 먼저 말하라.

"우와! 저 아기 정말 예쁘다. 우리도 이제 아기를 낳아볼까?"
"나도 자기 닮은 아기를 낳아 키워보고 싶다."

이렇게 말하는 순간, 남자도 아기를 곁눈질하며 잠시 행복감에 젖는다.

'아, 정말 행복해 보인다. 결혼을 하면 나도 저렇게 행복해질 수 있겠구나.'

이처럼 남자가 프로포즈를 하지 않는다고 불평불만만 하지 말고, 여자가 직접 나서 프로포즈를 하는 것도 좋은 방법이다. '이제 우리도 결혼을 하자'라는 말로 남자의 책임감을 자극하지 말고, '우리도 결혼을 하면 지금보다 훨씬 행복해질 수 있다'라는 말을 어떠한 상황 전개를 통해 보여주도록 하자.

유혹법 4단계 - 상처 안아 주기

사람은 누구나 살아가면서 사랑하는 사람과 헤어지게 되는 경험을 한다. 얘기를 들어보면 이별하는 이유도 각자 모두 다르고, 이별을 하는 방법도 모두 제각각이다. 이별의 이유와 이별의 방식에 따라 조금의 차이는 있겠지만, 결국 두 사람 모두 씻을 수 없는 상처를 받게 된다.

헤어진 연인과 다시 만남을 유지하기 위해서는 먼저 상대방의 상처를 안아 줘야 한다. 그러기 위해 가장 먼저 이별의 원인을 철저히 분석해야 한다.

- 다른 사람이 생겼는가?
- 다른 사람을 만나보니 더 행복했는가?
- 성격 차이 때문에 힘들었는가?
- 그것을 극복하기 위해 어떠한 노력을 기울였는가?
- 그래서 상대에게 어떠한 상처를 주었는가?

이별의 이유와 방식에 따라 상처의 크기가 다르며, 그 상처를 치료하는 방법도 모두 다르다. 이별의 원인이 자신에게 있다면 상대는 지금도 죽을 듯이 아파하고 슬퍼하며 눈물을 많이 흘리고 있을 것이다. 이와 반대로 이별의 이유가 상대에게 있다면 헤어진 아픔으로 인해 많은 반성을 하고 있을 것이다. 이유야 어찌 되었건 서로의 상처가 아물기까지의 시간도 꽤 오래 걸린다.

 이성적으로 있는 그대로의 현실을 바라보고 인지하며 냉정히 생각할 수 있다. 그러나 누가 이별의 원인을 제공했는지는 중요한 것이 아니다. 지금에 와서 그 이유를 따져봤자 달라지는 것은 아무것도 없다.

- 진심으로 상대를 사랑하기는 했는가?

 자신에게 이와 같은 질문을 던져봐라. 본인 스스로 지난날을 후회하고 마음을 고쳐먹을 수 있다면, 또 지난날을 모두 덮어두고 진정으로 상대를 다시 사랑할 수 있다면 다시 한 번 상대방의 마음을 돌릴 수 있다.

- 내가 이토록 간절히 너를 원하고, 아플 정도로 사랑한다.

 상대를 다시 만나려는 이유가 그냥 그것뿐이라는 것을 마음 깊이 넣어두고 상대방의 상처를 진심으로 어루만져 줘야 한다. 그 전에 본인 스스로 다짐을 해야 한다.

- 이별의 이유가 무엇이었나?
- 그 전까지 진심으로 상대를 사랑했나?
- 이별 후 얼마나 많은 후회를 했는가?
- 지금 다시 상대를 간절히 원하는 이유는 무엇인가?
- 이전과 똑같은 상황이 반복된다면 그땐 어떻게 행동할 것인가?

이런 다짐을 통해 다시는 똑같은 실수를 저지르지 않도록 마음을 다잡아야 한다. 그 실수가 자신에게 있는지, 상대에게 있는지는 중요하지 않다. 똑같은 상황이 벌어졌을 때 어떻게 대처하느냐가 중요하다. 그것만 명심하면 본인과 상대방의 상처를 안아줘야 할 이유와 방법이 떠오른다.

사랑에 있어서는 나 자신과 상대 모두 피해자임을 알아야 한다. 서로 이해하고 묻어두는 것만이 상처를 빨리 회복할 수 있는 길이다. 그리고 둘이 있어 즐거웠던 순간을 다시 끄집어내어 과거의 안 좋았던 순간들을 과감히 덮어야 한다.

인생은 참고 견디는 것이다. 특히 남녀가 사랑을 이어가기 위해 많은 인내심이 필요하다. 결혼을 한 부부도 결국 참지 못해 이혼을 하는 것이다. 인내심이 부족한 사람들은 다른 사람을 만나도 똑같은 이유로 다시 이별을 하는 경우가 흔하다.

인내심을 키우고, 뒤로 한발 물러서서 상대방의 입장에서 생각하는 여유를 가져야 한다. 그러면 서로의 상처를 빨리 치유할 수 있고, 다시 만나 뜨거운 사랑을 이어갈 수 있는 것이다.

고민 많은 남자는 섹스도 못한다?

남자와 여자의 생각 주머니는 확연히 다르다. 남자의 작은 생각 주머니에는 업무가 가득 들어차 있고, 애인에 관한 생각은 조금밖에 없다. 이와 반대로 여자의 생각 주머니는 매우 커서 업무, 연애, 애인에 대한 생각이 모두 가득 들어가 있다. 그래서 남자는 업무와 연애가 같다고 생각하는 반면, 여자는 업무와 연애는 별개라고 생각한다. 이런 차이가 있기 때문에 남자는 직장에서 스트레스를 받으면 데이트도 섹스도 제대로 즐기지 못하게 된다.

그러니 남자의 마음을 의심하지 말고, 힘들고 무거운 마음이 치유될 수 있도록 자신감을 불어넣어 줘야 한다.

"걱정 마. 당신 곁에는 항상 내가 있잖아."

사랑하는 남자에게 여자가 해 줄 수 있는 최고의 애정표현인 것이다.

유혹법 5단계 - 동요하는지 살펴보기

남녀의 사고방식은 서로 매우 다르다. 남자는 '어떻게 하면 그녀에게 용서 받아 다시 돌아갈 수 있을까' 인데, 여자는 '어떻게 하면 그가 내게 무릎을 꿇고 용서를 빌게 할 수 있을까' 인 것이다. 결국 남자는 용서를 빌고 다시 만남을 지속할 용의가 있고, 여자는 남자가 용서를 빌면 다시 맞아 줄 준비가 되어 있다는 뜻이다.

헤어진 연인들은 이처럼 마음이 흔들리고 있다. 그러나 마음이 흔들리는 계기가 분명히 존재한다. 언제 가장 흔들릴까?

- 상대방이 다른 사람을 만나면 질투와 분노가 생기는가?
- 특정한 장소에 가면 상대가 떠오르는가?
- 특정한 날씨에 상대와 갔던 장소가 그리워지는가?
- 익숙한 영화, 드라마, 음악을 들으면 마음이 흔들리는가?

무의식적으로 다른 사람을 만나면서도 과거에 대한 감상은 어찌할 수가 없다. 아무리 사소한 이유에도 마음이 심하게 흔들릴 수 있다. 이러한 감정을 애써 외면할 필요는 없다. 습관적으로 마음이 취약한 상태에 이르렀다고 보면 된다. 상대에 대한 애착이 사소한 자극에 민감하게 반응하는 것이다. 헤어진 연인에 대한 흔들리는 감정은 아무리 꿋꿋한 성격의 소유자라 할지라도 강하게 반응한다.

지금의 상황이 행동으로 옮겨질 만큼 즉각적으로 나타날 수 있다. 보이지 않는 에너지가 솟구쳐 울컥하는 심정이 될 수도 있다. 이별의 상처를 간직한 사람만이 느낄 수 있는 우울증과 스트레스를 분출하는 것으로 보면 된다. 스스로 무너져 내리고 혼자서는 감당할 수 없는 외로움과 그리움을 느끼고 있다는 증거다. 이제 그것을 견디기 힘들어 새로운 도전을 감행할 힘이 충만했음을 여실히 보여준다.

이처럼 자신이 심하게 흔들리는 시기를 잘 감지한다면 그에 따른 접근 방식도 쉽게 찾아낼 수 있다.

- 어떤 계기가 되었을 때 가장 흔들리는가?
- 언제 가장 헤어진 상대가 생각나는가?
- 헤어진 상대가 생각나면 기분이 어떤가?
- 지금 어떤 행동을 보여주고 싶은가?
- 상대가 어떤 반응을 보여주길 원하는가?

헤어진 연인에게 자신의 변화된 모습을 보여주고, 서로의 상처를 치유할 준비가 되었는지를 살펴보고, 흔들리는 마음의 진정성을 가늠해 봐야 한다. 마음이 흔들린다고 해서 즉각적인 반응을 보여서는 안 된다. 충분한 시간을 두고 서서히 실행에 옮겨야 한다. 상대에게도 과거를 정리하고 새롭게 시작할 마음의 여유와 시간이 필요하다.

내 남자 손바닥 위에 올려놓기

1. **남자가 미안하다고 하면 더 이상 따지지 말자.**
   그에게도 숨을 곳은 필요하다.
2. **직장 때문에 스트레스 받는 남자에게 따뜻하게 대해 주자.**
   "괜찮아, 내가 곁에 있잖아."
   남자도 때론 누군가에게 기대고 싶다.
3. **남자가 힘들어 할 때 그 이유를 묻지 마라.**
   그저 바라보고 웃어 주면 남자는 치유된다.
4. **다른 여자의 흔적까지 품어 주자.**
   더 이상 바람피우는 일은 없다.
5. **남자에게 수시로 키스를 해 주자.**
   싸움을 해도 금방 잊고 핑크빛 사랑을 이어 간다.

유혹법 6단계 - 또 다른 행동 체크

지금까지 자신의 변화될 행동을 생각하고, 그 근원을 살펴봤다. 이것은 행동변화를 위한 마음을 다진 것에 불과하다. 이제부터는 어떠한 모습으로 변화할 것인가에 대한 구체적인 기준을 형상화해야 한다. 그리고 그 목표를 이루기 위해 더욱 적극적인 행동을 보여야 한다.

이미 습성처럼 굳어진 행동을 변화시키기란 여간 어려운 게 아니다. 그러나 자신의 성격과 지금까지의 오랜 경험을 살리면 자신의 행동변화를 강하게 이끌어낼 수 있다. 연인과의 이별에 익숙해져 있는 사람이라면 행동변화의 필요성을 인식하지 못할 수도 있다. 그러나 행동변화의 필요성에 대해 스스로 인식하고 변화를 주도할 수 있는 힘을 길러야 한다.

- 이제 어떤 사람이 되고 싶은가?
- 무엇을 버리려 하는가?
- 어떻게 실현할 것인가?
- 그것을 실현하기 위해 어떠한 행동을 해야 하는가?

자신의 변화된 모습을 상상할 때 과거 그릇된 행동을 버리기가 훨씬 쉬워진다. 그동안의 편안함에 다시 빠져들지 않기 위해서는 자신의 목표를 향해 항상 시선을 고정시켜야 한다. 주변에 보면 위기를 극복하고 성공적인 관계를 유지하는 사람들을 볼 수 있다. 이런 사람들을 모델로 삼아 자신의 부정적인 행동을 떨쳐버리고 새로운 모습으로 당당히 태어나야 한다.

과거 자신의 존재를 짓밟고, 앞으로 꾸준히 전진한다면 자신이 원하는 길로 들어설 수 있다. 중간중간 지치고 힘들다면, 부모와 친구들의 도움을 받아 과거와 현재에 명확한 선을 긋고 자신이 추구하는 행동과 모습을 그려보는 것도 좋다.

주변 사람들의 조언과 함께 자신의 끊임없는 연습은 반드시 목표를 실현시켜 준다. 아직도 강하게 남아 있는 나쁜 습관, 마음의 상처들은 새로운 시작을 위해 과감히 던져버려야 한다. 과거의 부정적인 행동들은 감정의 뿌리가 깊어 악순환되면서 행동 변화의 걸림돌이 되기 때문이다.

부정적인 행동을 바로잡을 수 있는 대안은 항상 존재한다. 그 대안의 꾸준한 반복 학습을 통해 긍정적인 행동을 유발시켜야 한다. 자신에게 던지는 지문에 대한 진실한 답을 하며 목표를 성취할 수 있도록 노력해야 한다.

- 과거의 어떤 행동을 과감히 버리고 싶은가?
- 앞으로 어떤 사람이 되고 싶은가?
- 자신의 행동변화를 위해 어떤 조건이 필요한가?

- 자신의 행동변화를 어떤 식으로 살펴볼 것인가?

- 힘들어도 참고 나아갈 수 있는가?

- 완벽한 변화의 순간까지 묵묵히 노력할 수 있는가?

항상~ 쭈욱~
앞으로도 계속~ 영원히!

상대방의 마음을 영원히 사로잡을 수 있는 비결이 있다. "항상 같이 있는 게 즐겁고, 쭈욱 같이 지내고 싶고, 앞으로도 계속 뜨겁게 사랑할 것이며, 영원히 내 것으로 지키고 싶다." 상대와 대화를 하며 '항상~ 쭈욱~ 앞으로도 계속~ 영원히!' 라는 단어를 이용하면 감정의 표현을 훨씬 강하게 전달할 수 있다. 이런 말은 듣는 사람을 기쁘게 하고, 말하는 사람도 강한 신념이 생기게 만든다. 서로의 사랑을 확인할 때 '다짐' 으로도 비춰진다. 사랑하는 연인들끼리 항상 행복하고, 영원히 사랑을 지속할 수 있는 강력한 힘을 발휘한다. 이별 없는 영원한 사랑을 지켜 갈 때 인생은 즐겁고 행복해지는 것이다.

유혹법 7단계 - 격려하기

처음부터 혼자인 사람은 없다. 태어나면서부터 가족이 있고, 성장하면서 친구를 만난다. 그리고 성인이 되어 자신의 파트너를 만난다. 그런데도 사람은 늘 혼자인 것처럼 외로워하고 힘들어 한다.

중요한 것은 주위 사람들과의 관계를 형성하며 어떻게 반응을 하느냐에 따라 행동의 변화가 일기 시작한다. 이미 많은 경험을 통해 상대방의 감정변화를 살펴봤을 것이다.

- 지금까지 주위 사람들에게 어떻게 반응을 했는가?
- 내면에 깊이 박힌 부정적인 행동을 통해 어떤 인식을 심어 주었는가?

지금까지의 행동을 완전히 바꾸기 위해서는 자신의 변화를 지켜보고 공감하며 격려를 해 줄 누군가가 필요하다. 늘 곁에서 관심을 갖고 지켜보며 응원을 해 주고, 또 그에 따른 격려도 충분히 해 줄 수 있는 존재를 찾아 도움을 요청해야 한다.

과거 부정적인 행동을 일삼았던 자신의 존재를 과감히 무너뜨리고, 새로운 존재로 변화하기 위한 노력이 실패로 돌아갈 것만 같은 두려움이 계속 엄습해 올 것이다. 이때 조언자는 행동변화의 증인이 되어 자신을 격려하고 응원하며, 목표가 흔들리지 않도록 길을 제시해 준다. 그렇기에 조언자는 자신의 행동변화를 객관적으로 바라볼 수 있는 냉정한 사람이어야 한다. 잠시 게으름을 피우면 지체 없이 회초리를 들이대고, 따끔하게 충고를 하며, 자신의 목표를 다시 인식시켜 줄 조금은 가혹하다 싶은 사람이 절대적으로 필요한 것이다.

- 행동변화의 노력을 칭찬해 줘야 한다.
- 본인 스스로 변화하도록 지켜봐야 한다.
- 항상 객관적인 시선으로 바라봐야 한다.
- 항상 정직하게 조언을 해야 한다.
- 목표를 망각했을 때는 즉각 상기시켜 줘야 한다.
- 조언이나 충고는 가능하지만, 간섭은 안 된다.

이제 조언자는 행동변화의 증인이 되어 당신의 움직임을 예리하게 살펴볼 것이다. 지금까지 보아온 부정적인 행동의 조건, 흥분을 참지 못하는 성격, 나태함까지 하나하나 짚어 줄 것이다. 그러니 이제부터는 새로운 말과 행동을 몸으로 익혀야 한다.

선수는 스킨십에 강하다

스킨십으로 상대방의 감정변화를 체크할 수 있다. 스킨십을 시도했을 때 상대방의 반응이 호의적이면 진도를 더 나아갈 수 있다. 이와 반대로 상대가 스킨십을 거부한다면 지금까지의 관계가 잘못되었다는 증거다. 성공적인 스킨십을 위한 방법을 소개한다.

1. 경계심을 없애라.

상대에게 다가갈 명분을 세워야 한다. 향수를 통해 명분을 쉽게 만들 수 있다. "무슨 향수 써요?" 킁킁거리며 향수의 향기를 느껴본다.

2. 마사지를 즐겨라.

현대인들은 과중한 업무와 스트레스로 항상 어깨가 묵직하다. 그 점을 이용해 자연스럽게 다가갈 수 있다. 어깨와 목을 주물러 주며 하는 스킨십은 때때로 성욕을 자극하기도 한다.

3. 스킨십은 테크닉이다.

스킨십을 어떻게 하느냐에 따라 성욕을 끌어올릴 수 있다. 남자는 가벼운 터치만으로도 성욕이 생기지만, 섹스에 대해 방어적인 여자는 천천히 자극하며 반응을 살펴봐야 한다.

유혹법 8단계 - 집중하기

오랜 습성과 무너진 행동을 다시 추슬러 변화시킨다는 게 쉽지만은 않다. 그만큼 확고하게 자신의 문제를 극복하고 새로운 길을 찾아 끊임없이 노력해야 한다. 간혹 옛 모습이 떠올라 잠시 주춤거릴 수 있다. 과거의 그릇된 행동이 습관처럼 되살아날 수도 있다. 하지만 이것을 두려워하지 마라. 자신의 모습을 바꾸려는 확고한 마음과 노력만 있다면 웃으면서 지나쳐라.

실패의 두려움을 안고 갈 때 비로소 새로운 행동이 자연스럽게 몸에 쌓이게 되는 것이다. 이러한 단계에 이르면 조언자는 계속 응원을 하고, 새로운 변화에 따른 환상을 심어 주어야 한다. 잘못된 습관과 행동을 바로잡을 때 헤어진 연인을 다시 만나 사랑을 지속할 수 있음을 상기시켜 줘야 한다.

- 일시적으로 퇴보를 해도 절대 실망하면 안 된다.
- 퇴보하고 있다는 생각이 들면 지체 없이 조언을 구하라.
- 자신의 변화된 모습을 항상 떠올려야 한다.
- 조언자의 객관적인 판단을 믿어야 한다.
- 변화하는 시점마다 자신을 칭찬하라.
- 조급해 하지 마라. 서두른다고 되는 것은 아무것도 없다.

실패가 거듭되면 성공에 대한 두려움이 앞선다. 그러나 이를 뛰어넘어 과거 부정적인 행동을 철저히 짓밟는다면 새롭게 변한 자신의 모습에 감동을 받게 된다. 그러면서 완벽한 행동의 변화에 대한 자신감이 생긴다.

자신과의 싸움에서 승리하는 자가 진정한 승리자라는 말을 항상 염두에 둬야 한다. 자신의 상처를 스스로 치유하고 그것에 대한 보상을 꼭 받을 수 있다는 신념이 생기면 목표에 한 걸음 더 나아가게 되는 것이다. 노력에 대한 보상은 반드시 받게 마련이다.

- 과감하게 과거를 돌아보라. 무엇이 잘못되었는지 찾아야 한다.
- 부정적인 것에 대한 대안을 찾아 그대로 실천해야 한다.
- 자신의 마음을 잘 다독거려야 한다.
- 잠시 길을 잃으면 쉬운 길부터 찾아라.
- 자신의 곁에는 항상 도움을 주는 사람들이 많이 있음을 생각해야 한다.
- 주위 사람들에게 마음을 열고, 목표를 이룰 수 있도록 격려와 도움을 받아야 한다.

새로운 기쁨을 맛보기 위해서는 과거의 슬픔과 비난을 기억해야 한다. 이것을 토대로 목표를 이루기 위해 한발 더 나아가야 한다. 서두르지 말고 천천히 쉬운 것부터 하나하나 실천하며 집중을 한다면 반드시 좋은 결과를 맞이하게 된다.

사랑하는 여자를 호텔로 유인하는 방법

대놓고 호텔로 가자는 말에 쉽게 반응할 여자는 없다. 그러나 여자도 섹스를 즐기고 싶어 한다. 사랑하는 사람과의 섹스를 싫어하는 여자는 이 세상에 없다. 그러나 세심한 배려를 통해 자연스럽게 호텔로 이끌어야 한다.

1. 나 믿지? 손만 잡고 잘게!
조금은 고전적인 방식이지만 여자는 못이기는 척 따라온다. 정말 손만 잡고 자는 줄 착각하는 여자라면 더 이상 만날 필요가 없다. 일단 여자를 안심시키고 호텔에 들어가면 반은 성공한 것이다.

2. 혼자 자기가 두렵다!
'술에 취해 지금 집에 가는 것은 좀 무리다. 그렇다고 호텔에서 혼자 잠드는 것은 싫다. 그러니 잠드는 것만 보고 가라' 하고 자연스럽게 여자를 모텔로 인도한다. 여자가 바보가 아니라면 눈치를 챌 것이다.

3. 조용한 곳에서 진심을 밝히고 싶어
조용한 호텔에서 촛불을 켜 놓고 진실한 대화를 나누고 싶다고 얘기한다. 여자는 알고도 속아 준다. 그러나 자연스럽게 따라오는 여자를 바라보며 누리는 기쁨은 직접 느껴 보지 못한 사람은 알 수가 없다.

유혹법 9단계 - 관계 회복을 위한 연습

남녀 사이의 관계가 파괴되면 대부분 상대에게 씻지 못할 고통을 안겨 준다. 처음부터 이별을 자초하는 사람은 없다. 서로 관계를 맺으며 부정적인 습성이나 행동들에 의해 혐오감을 느껴 서로 헤어지게 되는 것이다.

관계 회복을 위한 연습을 통해 자신의 행동을 면밀히 분석하고, 서서히 변화를 주도해 간다면 헤어진 연인과의 관계를 회복하는 데 있어 많은 효과를 볼 수 있다.

1. 관찰자의 시선

- 자신이 겪었던 상대와의 갈등 상황을 떠올려 본다.
- 그것을 객관적인 시선으로 관찰만 한다.
- 현재 갈등이 벌어지고 있음을 상상한다.
- 구체적인 대화를 떠올리며 생생하게 느껴본다.
- 서로의 몸짓과 표정도 살펴본다.
- 자신에게 질문을 던진다.

"갈등의 원인이 무엇인가?"

"언제 발생했는가?"

"갈등이 유발된 구체적인 상황이 무엇인가?"

> "서로의 감정은 어땠는가?"
>
> "무엇이 불만인가?"
>
> "상대는 자신을 어떻게 방어했는가?"
>
> "자신은 상대방의 무엇을 비난했는가?"
>
> "어떤 결과가 벌어지겠는가?"
>
> "그 결과가 서로 원하던 것이었나?"

이 연습에서는 각 상황에 따라 자신의 판단을 내세워서는 안 된다. 그저 관찰자의 시선으로 지켜봐야 한다. 그리고 감정변화를 느껴야 한다.

2. 행동의 근원 찾아보기

> - 자신의 인생에서 가장 위협을 느꼈던 순간을 떠올려 본다.
> - 부정적인 대화 소리를 들어본다.
> - 어떤 상황인지 살펴보고, 왜 위협을 느꼈는지 생각해야 한다.
> - 자신을 무시하고 비난하는 부모의 목소리가 들리는지 확인해야 한다.

이 연습을 통해 자신의 부정적인 행동이 어디서 비롯되었는지 알아볼 수가 있다. 이런 경험을 토대로 새로운 방향의 틀을 만들 수 있다. 똑같은 상황이 벌어지면, 이를 제지할 수 있는 대처방안을 쉽게 찾을 수 있다.

3. 부정적 행동을 자극하는 계기 확인하기

- 상대가 섹스에 만족을 느끼지 못했는가?
- 그래서 항상 불안했는가?
- 상대가 자꾸만 거짓 행동을 보였는가?
- 그래서 화가 났는가?
- 상대가 지나친 관심을 보였는가?
- 그래서 친밀감에 대한 두려움이 생겼는가?
- 종교적인 문제로 상대와 갈등을 겪었는가?

부정적으로 행동했던 기억들을 떠올리다 보면, '한발 물러설 수도 있었던 그 상황이 갈등으로 치닫지 않을 수도 있었다'라는 생각이 들 수 있다. 그러면서 앞으로 똑같은 상황이 재연되면 어떤 식으로 행동을 바꿔야겠다는 목표가 생긴다.

4. 자신의 상태 확인하기

- 기분이 최고였을 때와 최악이었을 때를 비교하라.
- 행동에 영향을 미칠 수 있는 약을 복용하고 있는가?
- 그렇다면 언제쯤 회복이 가능하겠는가?
- 기분을 최상으로 유지하기 위해 어떤 방법을 사용하는가?
- 감정적으로 느끼는 행복의 수준을 어떻게 보는가?

- 자신이 무의미하고 가치 없는 존재라고 느끼는가?
- 자신이 충분한 사랑을 받고 있다고 느끼는가?
- 미래에 대한 기대가 얼마나 큰가?
- 자신은 항상 애정이 결핍되었다고 느끼는가?
- 성적 욕망을 해소할 섹스 상대가 존재하는가?
- 정신이 항상 혼란스러운가?
- 다른 사람들이 자신의 지성을 높이 평가하는가?
- 다른 사람들이 자신의 의식세계를 더 깊이 알고 싶어 하는가?
- 종교에 의지해 본 일이 있는가?
- 정신적으로 항상 불안한가?

꾸준한 연습을 통해 자신의 현재 상태를 정확히 확인해 봐야 한다. 자신의 상태를 정확히 인식하면 이에 대응하는 방법을 찾을 수 있다. 자신에게 필요한 것이 무엇인지 제대로 알아야 한다.

5. 새로운 목표 정하기

- 자신의 롤 모델이 되어 줄 사람을 찾아본다.
- 그들에게서 무엇을 본받을 것인지 생각한다.
- 그들과 어떤 관계인지 생각한다.
- 그들에 대해 어떠한 감정을 갖고 있는지 생각한다.

- 과거에 그들로부터 배운 것과 앞으로 배워야 할 것을 생각한다.
- 가장 기억에 남는 사람을 떠올린다.
- 그 사람이 자신에게 얼마나 중요한지, 왜 중요한지를 파악한다.
- 그들의 행동방식 중 무엇을 가장 따라하고 싶은지 결정한다.

 이 단계에서는 메모지를 준비하고 차근차근 적어보는 자세가 중요하다. 자신의 행동을 변화시켜줄 롤 모델이 많을수록 그 영향력은 배로 증가한다. 자신이 지치고 힘들어 할 때 그들은 든든한 후원자가 될 수 있다.

6. 멘토의 도움 받기

- 객관적으로 지켜봐 주고 조언을 줄 수 있는 멘토를 찾아야 한다.
- 그는 자신의 목표에 공감을 해야 한다.
- 자신의 행동 변화를 지켜보는 증인이어야 한다.
- 자신의 엇나갔던 순간을 당당히 말해 줄 수 있는 사람이어야 한다.
- 모임이나 단체를 통해 도움을 받을 수도 있다.

 늘 곁에서 지켜봐 주는 증인을 통해 격려를 받아야 한다. 자신의 다짐을 잘 이행하는지 그저 옆에서 지켜봐 주고, 지치고 힘들 때 격려를 통해 다시 일어설 수 있도록 용기와 힘을 주는 존재여야 한다.

7. 발전 과정 확인하기

- 지금도 대화가 까칠한가 아니면 상대를 격려하고 옹호하는가?
- 자신을 비판하지 않는가?
- 자신의 행동을 객관적으로 바라볼 수 있는가?
- 위험 신호를 미리 감지할 수 있는가?
- 부정적인 행동이 나타날 때 제어할 수 있는가?
- 자신의 신체 및 감성, 그리고 애정과 지성의 수준을 확인하는가?
- 자신의 실수를 책망하지 않고 너그럽게 용서할 수 있는가?
- 멘토와의 관계를 꾸준히 유지하는가?
- 지치고 힘들 때 주위 사람들의 도움을 받고 있는가?
- 자신의 행동 변화를 일일이 체크하는가?

자신의 목표에 집중하면 더욱 수월하게 자신의 행동을 변화시킬 수 있다. 시간이 날 때마다 위 질문을 통해 자신의 상황을 일일이 기록해야 한다. 하나하나 바뀌어 가는 순간들의 가치를 마음 깊이 새겨 믿음을 줘야 한다. 목표를 향한 확고한 신념이야말로 성공적인 행동의 변화를 약속할 수 있다.

저항하는 여자가 더 달콤하다

호텔에 들어간 여자가 모두 섹스에 응하는 것은 아니다. 여자는 항상 성병, 임신, 낙태 및 출산 등에 대한 두려움을 안고 있다. 그렇기 때문에 막상 옷을 다 벗고도 섹스를 실행에 옮기지 못하는 경우를 종종 볼 수 있다. 이때 여자의 마지막 저항을 잠재우는 비법을 소개한다.

1. 분위기를 서먹하게 만든다.

여자의 저항에 삐친 척하며 분위기를 서먹하게 만들면 여자는 이내 포기하고 만다.

2. 더 강하게 끌어당긴다.

여자가 팬티를 잡으며 저항을 하면 "네가 저항을 하니까 더 믿음이 간다."라고 말하며 더 강하게 끌어당긴다.

3. 코믹한 분위기를 연출한다.

여자의 저항에 웃음을 선사한다. "너 자꾸 이러면 내가 소리 지른다."라고 말한다면, 소리를 지르고자 하는 입장이 바뀐 것을 안 여자가 황당해서 웃을 것이다. 그리고 벗기면 된다.

4. 말 따로, 몸 따로…

여자의 저항에 "충분히 그럴 수 있어."라고 동의를 해 주며, 손과 입은 계속해서 움직인다. 정말 싫어하는 여자가 아닌 이상 결국 항복을 하고 만다. 그러나 저항이 지나치다 싶으면 바로 중지해야 한다. 강압적인 섹스는 여자에게 치명적인 순간이 된다.

5. 무의식 상태로 만든다.

호텔에 들어서자마자 뜨거운 러브신을 연출한다. 영화의 한 장면을 떠올리며 키스와 함께 거침없이 옷을 벗긴다면 여자는 무의식 상태에 빠진다. 자신이 영화의 주인공이 되었다는 착각으로 저항할 마음을 잃게 된다.

9장

그 밖에
궁금한 질문들 있어요?

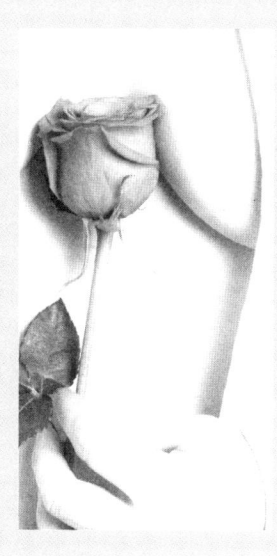

왜 유혹법을 배워야 하나요?

이 세상에는 다양한 사람들이 존재한다. 부와 지위를 겸비한 사람, 외모가 뛰어난 사람, 손재주가 남다른 사람, 학식이 뛰어난 사람 등 각각의 매력을 지니고 있다. 또는 이 모든 능력을 두루 갖춘 다재다능한 사람들도 있다.

이러한 사람들도 유혹법에 대해 궁금해 하고, 배우려 한다. 왜 그럴까? 그것은 이성적인 판단만으로는 상대방의 마음을 움직일 수 없기 때문이다. 즉, 재능은 뛰어나지만, 자질이 부족해 사람의 마음을 얻지 못하는 것이다. 사람의 마음을 움직일 수 있는 자질을 갖추지 못한 채 자신의 재능만 믿고 설불리 상대에게 접근한다면 위험을 초래하게 된다. 결국 양심의 가책을 느끼고 비난을 받게 된다. 그렇기 때문에 유혹의 기술을 배우는 것이다.

대체적으로 능력이 많은 사람들은 다른 사람을 무시하는 경향이 강하다. 자기 과시욕이 앞서 남의 기분이나 처한 상황에는 관심이 없다. 오직 상대를 이용해 자신의 욕심을 채우려는 경향이 강하다. 그러다 보니 진정한 유혹에는 관심이 없고, 어떻게든 상대와 하룻밤을 즐기고자 하는 욕망만이 들끓는다. 자신의 능력을 앞세워 상대를 굴복시키려 하는 것이다. 이런 사람은 늘 존재하고, 사람들은 이런 사람을 늘 경계한다.

사람의 마음을 움직이는 것은 능력이 아닌, 자질임을 꼭 알아둬야 한다. 다소 능력이 부족하더라도 사람으로서의 자질을 갖춘 사람에게는 항상 사람들이 몰려든다. 이들의 부족한 능력을 채워 주며 좋은 관계를 형성한다. 또 이런 자질을 갖춘 사람은 실패를 거듭해도 절대 자신감을 잃지 않는다. 그것은 주위 사람들의 적극적인 보살핌 때문이다.

자신의 재능이 부족하다고 힘들어할 필요가 없다. 주위 사람들을 진실하게 대하는 자질만 갖췄다면 아무런 문제가 되지 않는다. 재능이 탁월한 사람들보다는 다소 출발이 늦을지라도 그들보다 탁월한 능력을 갖춘 유혹의 대가가 될 수 있다.

주위를 둘러보라. 자질을 갖춘 사람들은 매력 있는 상대를 만나 아름다운 사랑을 이어 가고 있다. 이들은 재능을 갖춘 사람들보다 더 행복한 삶을 살아가고 있다.

유혹의 최종 목표는 사랑하는 사람과의 섹스에 있다. 그렇지만 섹스가 유혹의 목적이 되어서는 안 된다. 섹스에 몰두해서 상대에게 접근하다 보면 자기 과시욕은 해소할 수 있을지 모르지만, 섹스중독자로 몰려 비난을 면치 못한다. 이러한 과정이 되풀이될수록 자신의 마음에 어두운 그림자만 드리우게 된다.

우월감에 사로잡혀 자신만의 세계에 푹 빠져 헤어 나오지 못하는 사람들이 의외로 많다. 자기 스스로 어두운 감옥에 들어

간 것이다. 이처럼 세상은 부정적인 행동을 일삼는 사람들에게 철저히 등을 돌린다.

유혹은 진실한 마음으로 상대방의 마음을 움직이는 것이다. 이것을 거짓으로 위장하여 상대를 속여서는 안 된다. 오직 진실한 마음을 통해 상대에게 믿음을 줘야 하는 것이다. 그래서 유혹법을 습득해 자질을 배워야 하는 것이다. 유혹자로서의 진정한 자질은 재능을 앞서기 때문이다.

유혹자의 자질은 진정성을 동반한다. 마음속에 진정성이 없다면 상대를 혼란에 빠뜨리고, 자신은 허무함과 자책감에 빠져 스스로 변질되어 가는 것이다. 유혹법을 배운다고 해서 우월해지는 것은 아니다. 또 상대를 속여서도 안 된다. 진정성을 유혹자의 사명감이라 여기고, 이상적인 연인을 찾아 행복한 삶을 이어 가기를 바란다.

쾌락에는 위험이 따른다

흔히 말하는 '원 나잇 스탠드'에도 지켜야 할 것이 있다. 처음 만난 사람과의 섹스는 위험을 동반한다. 그래서 효과적인 섹스를 즐기기 위해서는 철저한 준비 과정이 필요하다.

1. 콘돔 챙기기

낯선 사람과의 섹스에서는 성병을 조심해야 한다. 또 여자의 경우에는 원치 않는 임신에도 주의를 해야 한다. 성병이나 임신 모두 서로에게 상처를 주기는 마찬가지다. 그러니 신께서 내린 아름다운 선물인 콘돔을 챙겨야 한다.

2. 섹스도 가려서 하기

끌린다고 해서 아무 여자나 침대로 끌어들여서는 안 된다. 아름다운 장미에 날카로운 가시가 있듯, 여자들도 조심해야 할 대상이 있다. 이른바 '꽃뱀'이다. 이들은 법적인 소송도 불사해 남자들의 부와 명예를 한 번에 앗아 간다.

3. 한 번만 즐기기

섹스도 자주 하다 보면 사랑이라 착각하게 만든다. 그래서 상대에게 집착을 한다. 하룻밤 섹스를 통해 서로 만족했으면 그것으로 끝내야 한다. 집착하다 보면 서로 상처를 입게 되고, 자존심도 무너진다.

4. 입 다물기

원 나잇 스탠드에도 최소한의 예의는 있다. 특히 남자들의 입조심을 당부한다. 제발 '누구누구와 어제 섹스했다'라는 말을 떠벌리고 다니지 않기를 바란다. 즐겼으면 그것으로 만족하고, 상대에 대한 최소한의 예의는 지켜라.

화려하고 당당한 싱글은 없어요

스물아홉 살 '싱글'의 일과 사랑, 꿈과 불안을 그린 영화 '싱글즈'를 기억하는가? 이 영화는 많은 여성 관객을 끌어들였다. 왜 많은 여자 관객이 이 영화에 몰렸는가? 그것은 주연 배우의 연기보다, 고군분투하며 치열하게 살아가는 스물아홉 여자들의 삶을 더 사실적으로 표현했기 때문이다.

그러나 현실은 영화나 드라마가 아니다. 21세기를 살아가는 실제 싱글즈의 삶은 영화나 드라마 속의 주인공처럼 화려하고 당당하지 못하다.

1. 현실을 자유롭게 즐기고 싶다?

싱글은 여행이 마치 공기와도 같은 것이라고 표현한다. 가끔 머리가 복잡하고 현실이 지루해지면 아무런 계획도 없이 여행을 떠나 자신의 삶을 충전시킨다고 말한다. 이렇게 혼자 여행을 다녀오면 정말 세상을 알차게 살아갈 수 있는 에너지가 생기는 건가? 절대 그렇지 않다.

이렇게 앞만 보고 달리다 보면 마음속 깊이 쌓이는 공허함을 달랠 길이 없다. 사랑하는 사람과 함께 떠나는 여행의 즐거움을 이들은 모른다. 행복한 가정을 이룬 사람들의 시선이 그리 곱지만은 않다는 것을 이들은 모른다.

세상의 반은 여자고, 또 나머지 반은 남자다. 때로는 상대에게 얽매이고, 상대에게 맞춰 가며 인생을 살아가는 것도 행복이라는 것을 알아야 한다.

2. 사랑에 얽매이는 삶이 싫다?

싱글은 대체적으로 다양한 국적의 이성을 만난다. 한 명 한 명 새로운 사랑을 하면서 스스로 성장해 가는 자신을 느낀다고 말한다. 몇몇은 늘 연락을 하고 지내는 사이가 있다. 그러나 대부분 기억이 가물가물하다.

가슴 시리고 아픈 사랑을 경험해 봤는가? 사랑이라는 것은 마치 마약과도 같아서 한 번 빠지면 쉽게 빠져나오지 못하는 경향이 있다. 설사 잘못된 사랑으로 인해 진한 사랑의 상처를 경험한 사람도 시간이 지나 어느 정도 상처가 치유되면 또 다른 사랑에 목말라 한다. 특히 죽을 만큼 아픈 사랑의 기억은 평생 마음속에 남는 법이다.

"돈을 많이 벌고 모으니까 남자들도 꼬이더라. 남자는 무조건 많이 만나봐야 한다는 생각으로 이 남자 저 남자 많이 만나봤다. 나를 물주로 생각하는 사람, 양다리 걸친 사람, 약혼녀가 있는 사람, 섹스 상대로만 여기는 사람, 유부남 등등. 그러면서

뒤통수도 많이 맞았다."

왜 싱글에겐 이런 파렴치한 남자들이 꼬일까? 만나서 대화를 하다 보니 자칭 '화려한 싱글'이라는 것을 알았을 테고, 적당히 만나 즐기고 싶은 마음이 앞섰기 때문이다. 또 이러한 남자를 구별하지 못한다는 것은 상대방의 유혹을 받을 만한 매력이 없기 때문이다.

진정한 사랑을 하고 받을 만한 매력이 있는 사람이라면, 더 이상 화려하고 당당한 싱글의 삶은 이어지지 않는다.

싱글은 여전히 많은 사람을 만난다. 하지만 사랑이라는 이유로 서로를 가둬 놓기보다는 각자 독립적인 개체로 나아갈 수 있는 자유로운 사랑을 꿈꾸고 있다. 이 자유로운 사랑의 의미는 뭘까? 적당히 즐기는 사이? 싱글의 사랑에는 배신과 음모만 도사리고 있을 뿐이다.

3. 싱글은 섹스할 때 감정이 있을까?

자유로운 사랑을 꿈꾸는 싱글도 섹스를 즐긴다. 그런데 이들의 섹스에 사랑의 감정이 존재하는지 의문이 든다. 사랑의 감정이 있다면 싱글의 삶을 일찌감치 포기했을 것이고, 사랑의 감정이 없다면 자위행위만도 못한 기계적인 섹스에 쾌락을 맡길 것이다.

섹스는 사랑이라는 감정에 충실할 때 비로소 진정한 쾌락을 느낄 수 있다. 그러나 싱글은 "사랑이 없는 섹스는 정말 생각하고 싶지 않다"고 입을 모은다. 그렇다면 이들도 사랑이 전제된 섹스를 하고 싶다는 것인가?

사랑이 전제되었다는 것은 이미 싱글이기를 포기했다는 것이다. 사랑하는 사람이 있는 사람에게 누가 싱글이라는 이름을 함부로 쓰겠는가. 이들은 '정말 사랑이구나' 하고 느낄 수 있는 사람을 원하기 때문에 사랑이 전제된 섹스는 괜찮다고 생각한다. 만나는 동안 정말 사랑했다면 "그 사람과의 섹스는 최선과 열정을 다해 할 수 있다"고 말한다.

결국 싱글이란, '나 아직 사랑하는 사람을 못 만났어요' 라는 뜻이지, '나 이성을 만나지 않고 혼자 화려하고 당당하게 살아갈 거예요' 의 의미는 아닌 것이다.

싱글의 삶을 곁에서 지켜본 결과 이 세상에는 화려하고 당당한 싱글은 없다. 단지 현실을 도피해 자신만의 기준에 따라 자유롭게 살아가는 인생만 존재할 뿐이다. 일을 할 때는 정말 열심히 하고, 놀 때도 열심히 논다.

그러나 이성을 만나도 깊은 관계를 만들지 않는다. 여기서 깊은 관계란 섹스가 아닌 진정한 사랑을 의미한다. 이들도 섹스는 자유롭게 즐긴다. 한 번 만나고 놀다가 맘에 안 들면 그냥 연락을 끊는다. 세상에 남자도 많고 여자도 많다는 게 이들의 오래된 관념이다.

돈을 많이 벌고, 주변에 이성이 많다고 정말 불편한 게 별로 없을까?

싱글이어서 좋은 점은 많을 것이다. 누군가에게 구속받지 않고 자신의 판단대로 자유로운 인생을 살아갈 수 있다는 것, 어쩌면 가장 매력적인 부분일 것이다.

그러나 불 꺼진 방에 혼자 누웠을 때 밀려드는 공허함은 무엇으로 채워야 하는가. 내심 친구들을 부러워한다. 든든한 남친, 어여쁜 여친! '나도 능력만 있다면 저런 삶을 살 수도 있을 텐데' 라고 생각하겠지만, 그것은 능력이 아닌 자질이다.

사람의 마음을 움직일 수 있는 자질! 싱글에겐 그러한 자질이 부족하다. 자신의 부족한 자질을 '화려하고 당당한 싱글' 이라는 명목 뒤에 감추고 살아간다. 얽매이는 것을 싫어하다 보니 진정한 사랑 한번 못해 봤을 것이고, 진정한 사랑에 대한 경험이 없으니 누군가를 유혹할 만한 자질을 갖추지 못한 것은 분명하다.

'화려하고 당당한 싱글' 이라는 말은 싱글로서 누릴 수 있는 모든 것을 누리면서도 채워지지 않는, 그 공허함을 감추기 위한 것이다. '화려하고 당당한' 이라는 단어를 사용해 자신의 오랜 외로움과 공허함을 감추고 있다. 이것이 싱글의 자존심이다.

당당한 이별 공식 지키기

남녀가 서로 만나 뜨거운 사랑을 쌓았더라도 더 좋은 만남을 위해 이별을 하게 되는 경우가 있다. 이때는 쿨~ 하게 보내 주며 상대를 배려할 줄도 알아야 한다. 이별에도 공식이 있다. 이제 당당하게 보내 주자.

1. 섹스 파트너와 이별하기
사랑의 감정이 없기 때문에 서로에게 관심을 줄 필요가 없다. 간단히 즐거웠다는 인사만 나눈다. 사랑의 감정이 없기 때문에 서로 상처를 받지 않는다. 그렇기 때문에 서로 외로움을 느낄 때 다시 만나 섹스를 할 수 있다는 장점이 있다.

2. 만남이 짧은 파트너와 이별하기
사전에 관심을 멀리하며 이별을 암시한다. 그리고 직접 만나서 상대에게 더 이상 호감을 느끼지 못하는 감정을 솔직하게 이야기한다. 아쉬움은 남을지라도 상처는 크지 않다.

3. 깊은 만남을 가졌던 파트너와 이별하기
이 경우에는 서로 깊은 상처를 주고받을 수 있기 때문에 조심스럽게 접근해야 한다. 사전에 이별 작업을 해야 한다. 전화나 문자를 보내는 횟수를 줄이고, 만남의 시간도 단축해야 한다. 그리고 어떠한 약속도 하지 말아야 하며, 친구처럼 편안하게

> 대해야 한다. 이것이 충격을 완화시키는 요법이다. 어떠한 문제에 대해서는 끝까지 책임을 져야 하며, 상대를 배려해야 한다. 특히 모든 것을 상대방의 탓으로 돌리는 것은 금물이며, 감정에 치우치지 말아야 한다. 어차피 받은 상처이므로, 서로 상처를 어루만져 주며 빨리 회복해야 한다.

| 맺음말 |

"사랑에 빠지기 전에 알았더라면 좋았을 걸…" 이라는 후회가 없길 바라며

'유혹의 재발견'에 관한 모든 것을 이야기했다. 이 책을 꼼꼼히 읽고 가슴 깊이 새겼다고 누구나 훌륭한 유혹자 되는 것은 아니다. 필자의 이야기를 되새기며 꾸준히 연습해야 과감히 도전할 수 있는 것이다.

이제 시작이다. 그동안 보고 듣고 말한 것을 과감히 잊어야 한다. 그래야 지금까지 느끼지 못한 유혹의 테크닉이 보인다. 과거 자신의 부정적인 행동을 냉정하게 돌아보고, 스스로 변화해야 한다. 자신의 모든 것을 개선시켜야 비로소 성공적인 유혹을 할 수 있다.

외모는 물론 몸짓과 표정, 그리고 말투와 목소리 톤까지 모두 다듬어야 한다. 본인 스스로 상대에게 매력을 어필할 수 있는 조건을 갖춰야 유혹에 성공할 수 있는 것이다. 사소한 것까지 모두 변화시킴으로써 상대방의 호감을 불러일으킬 수 있다는 것을 명심해야 한다.

지금까지 이 책을 통해 배우고 익혔던 유혹법을 통해 마주치는 사람들을 유혹의 대상으로 바라봐야 한다. 그것이 의식적이든 무의식적이든 상대를 환상의 세계로 이끌 수 있다.

이제 당신은 어떤 대상을 만나든지 자연스럽게 접근하여 당당히 유혹에 성공할 수 있다. 상황에 맞는 언어와 행동을 통해 상대방의 관심과 사랑을 독차지할 것이다.

- 남녀는 서로 다른 공간에서 살고 있다.
- 남자와 여자는 뇌 구조부터 다르다.
- 여자는 로맨스에, 남자는 섹스에 집착한다.
- 성적인 매력은 가장 가치 있는 유혹의 수단이다.
- 나만의 개성 있는 스타일을 연출해야 한다.
- 준비된 자만이 결실을 얻을 수 있다.
- 유혹은 즐기며 하는 것이다.
- 유혹은 헤어진 연인도 돌아오게 할 수 있다.

유혹에 성공하기 위해서는 위에 강조한 사항을 중점적으로 실천해야 한다. 그래도 상대방의 저항에 부딪힐 수 있다. 그래도 실망하거나 자책하지 말고, 도전하고 또 도전하라. 단지 상대방의 경계심이 강하기 때문이다. 상대방의 굳게 닫힌 마음의 빗장을 풀기 위해 끊임없이 노력해야 한다. 모든 이들의 성공적인 유혹을 기원한다.

유혹의 재발견
벗겨봐

1판 1쇄 인쇄 | 2013년 10월 25일
1판 1쇄 발행 | 2013년 11월 05일

지은이 | 김진기
발행인 | 이용길
발행처 | 모아북스

관리 | 정 윤
디자인 | 이룸

출판등록번호 | 제 10 -1857호
등록일자 | 1999. 11. 15
등록된 곳 | 경기도 고양시 일산동구 호수로(백석동) 358-25 동문타워 2차 519호
대표 전화 | 0505-627-9784
팩스 | 031-902-5236
홈페이지 | http://www.moabooks.com
이메일 | moabooks@hanmail.net
ISBN | 978-89-97385-36-2 13040

· 좋은 책은 좋은 독자가 만듭니다.
· 본 도서의 구성, 표현안을 오디오 및 영상물로 제작, 배포할 수 없습니다.
· 독자 여러분의 의견에 항상 귀를 기울이고 있습니다.
· 저자와의 협의하에 인지를 붙이지 않습니다.
· 잘못 만들어진 책은 구입하신 서점이나 본사로 연락하면 교환해 드립니다.

모아북스는 독자 여러분의 다양한 원고를 기다리고 있습니다.
(보내실 곳 : moabooks@hanmail.net)

독자 여러분의 소중한 원고를 기다립니다

독자 여러분의 소중한 원고를 기다리고 있습니다.
집필을 끝냈거나 혹은 집필 중인 원고가 있으신 분은
moabooks@hanmail.net으로 원고의
간단한 기획의도와 개요, 연락처 등과 함께 보내주시면
최대한 빨리 검토 후 연락드리겠습니다.
머뭇거리지 마시고 언제라도
모아북스 편집부의 문을 두드리시면
반갑게 맞이하겠습니다.